KÖNIGS ERLÄUTERUNGEN
Band 366

Textanalyse und Interpretation zu

Friedrich Dürrenmatt

DER BESUCH DER ALTEN DAME

Bernd Matzkowski

Alle erforderlichen Infos für Abitur, Matura Klausur und Referat
plus Musteraufgaben mit Lösungsansätzen

Zitierte Ausgabe:
Friedrich Dürrenmatt: *Der Besuch der alten Dame*. Eine tragische Komödie (Neufassung 1980). Werkausgabe in siebenunddreißig Bänden. Band 5. Zürich: Diogenes, 1998 (detebe 23045).

Über den Autor dieser Erläuterung:
Bernd Matzkowski ist 1952 geboren. Er ist verheiratet, hat vier Kinder und ist Lehrer (Oberstudienrat) am Heisenberg-Gymnasium Gladbeck.
Fächer: Deutsch, Sozialwissenschaften, Politik, Theater.

Das Werk und seine Teile sind urheberrechtlich geschützt. Jede Verwertung in anderen als den gesetzlich zugelassenen Fällen bedarf der vorherigen schriftlichen Einwilligung des Verlages. Hinweis zu § 52 a UrhG: Weder das Werk noch seine Teile dürfen ohne eine solche Einwilligung eingescannt oder gespeichert und in ein Netzwerk eingestellt werden. Dies gilt auch für Intranets von Schulen und sonstigen Bildungseinrichtungen.

Hinweis:
Die Rechtschreibung wurde der amtlichen Neuregelung angepasst. Zitate Dürrenmatts und Brechts müssen aufgrund von Einsprüchen in der alten Rechtschreibung beibehalten werden.

1. Auflage 2011
ISBN 978-3-8044-1907-0

© 2003, 2010 by C. Bange Verlag GmbH, 96142 Hollfeld
Alle Rechte vorbehalten!
Titelbild: Therese Giehse als Claire, Kammerspiele München 1956,
© Cinetext
Druck und Weiterverarbeitung: Tiskárna Vimperk

INHALT

1. DAS WICHTIGSTE AUF EINEN BLICK – SCHNELLÜBERSICHT 6

2. FRIEDRICH DÜRRENMATT: LEBEN UND WERK 11

2.1 Biografie 11
2.2 Zeitgeschichtlicher Hintergrund 14
2.3 Angaben und Erläuterungen zu wesentlichen Werken 17

Der Einzelne und die Verantwortung – Anmerkungen zu einigen Figuren Friedrich Dürrenmatts 18

Vom Essen und Trinken – Motivverbindungen 21

Vom Zufall – Motivverbindungen 23

3. TEXTANALYSE UND -INTERPRETATION 26

3.1 Entstehung und Quellen 26
3.2 Inhaltsangabe 29
3.3 Aufbau 37

Zeit, Ort, Kompositionsstruktur 37

Zum inneren Aufbau des Dramas: Kontraste, Paradoxien, groteske Elemente, Motive, Symbole, Requisiten und Themen 43

Das Chorlied 55

3.4 Personenkonstellation und Charakteristiken _____ 61
    Ill _____ 65
    Claire Zachanassian _____ 70
    Lehrer/Pfarrer/Bürgermeister/Arzt _____ 75
    Ills Familie _____ 77
    Pressevertreter _____ 78
3.5 Sachliche und sprachliche Erläuterungen _____ 80
3.6 Stil und Sprache _____ 82
3.7 Interpretationsansätze _____ 88
    Zur Gattung: Die „tragische Komödie" _____ 88
    Ills Wandlung zum mutigen Menschen _____ 94
    Der Verlust der Liebe _____ 97
    Zur Auffassung Dürrenmatts vom Theater _____ 99

4. REZEPTIONSGESCHICHTE   106

5. MATERIALIEN   108

6. PRÜFUNGSAUFGABEN MIT MUSTERLÖSUNGEN 111

LITERATUR 123

STICHWORTVERZEICHNIS 127

1. DAS WICHTIGSTE AUF EINEN BLICK – SCHNELLÜBERSICHT

Damit sich jeder Leser in unserem Band rasch zurechtfindet und das für ihn Interessante gleich entdeckt, hier eine Übersicht.

Im zweiten Kapitel beschreiben wir **Dürrenmatts Leben** und stellen den **zeitgeschichtlichen Hintergrund** dar.

⇨ S. 11 ff.
→ Friedrich Dürrenmatt lebte vom 5. Januar 1921 bis zum 14. Dezember 1990. Die meiste Zeit seines Lebens verbrachte er in Bern, Basel und Neuchâtel, wo er auch starb.

⇨ S. 14 ff.
→ Als Dürrenmatts *Der Besuch der alten Dame* 1956 auf die Bühnen kommt, sind die Entbehrungen der Kriegszeit schon fast vergessen; Deutschland lebt in der Phase des „Wirtschaftswunders".

⇨ S. 17 ff.
→ Der Autor Dürrenmatt hat, als das Drama uraufgeführt wird, bereits Kriminalromane (*Der Richter und sein Henker*, *Der Verdacht*) und Theaterstücke (u. a. *Romulus der Große*, *Die Ehe des Herrn Mississippi*) veröffentlicht und ist Literaturpreisträger der Stadt Bern (1954).

Im 3. Kapitel bieten wir eine **Textanalyse und -interpretation.**

Der Besuch der alten Dame – Entstehung und Quellen:

⇨ S. 26 ff.
Dürrenmatts Drama greift Motive aus Entwürfen zu seiner Novelle *Mondfinsternis* auf (die er allerdings erst 1978 fertigstellt). Unmittelbar angeregt wurde Dürrenmatt zu seinem Drama wohl durch eine Bahnfahrt von Neuchâtel nach Bern und zurück. Der Zug hielt in zwei kleinen Orten an, und Dürrenmatt überlegte, was es für diese Orte bedeuten würde, wenn der Zug dort nicht mehr hielte.

Zudem gibt es eine Reihe von Motivverbindungen zu anderen literarischen Werken, vor allem zu Mark Twains *Der Mann, der Hadleyburg korrumpierte*. (Abschnitt 3.1)

Inhalt:

Im verarmten Dorf Güllen warten die Bewohner auf den Besuch von Claire Zachanassian, einer Milliardärin, die vormals in Güllen lebte. Von ihr erhofft man sich eine finanzielle Zuwendung. Der Krämer Ill, ein Jugendfreund Claire Zachanassians, soll dabei, in Erinnerung an ihre vormalige Beziehung, den Weg für eine große Spende ebnen. Als Claire Zachanassian eintrifft, nennt sie die Bedingung, unter der sie der Gemeinde eine Milliarde zur Verfügung stellen will: Jemand soll Ill töten, denn dieser hat sie, als sie schwanger von ihm war, im Stich gelassen und seine Vaterschaft mit Hilfe von bestochenen Zeugen bestritten. Der Bürgermeister und alle Einwohner Güllens lehnen dieses Angebot zunächst empört ab, doch die Situation wird für Ill in der Folge immer bedrohlicher.

⇨ S. 29 ff.

In einer Art „Schauprozess" wird schließlich die kollektive Ermordung Ills durch die Güllener medial getarnt. Claire Z. besteigt, mit der Leiche Ills, den sie in einem Mausoleum aufbahren will, den Zug. Und die Güllener feiern in einem chorischen Lied ihren neuen Wohlstand.

Zeit, Ort und Kompositionsstruktur:

Der Handlungszeitraum des Dramas lässt sich nicht genau bestimmen, denn das verarmte Güllen steht am Ende als glitzernde Metropole da. Der Handlungskern vollzieht sich in mehreren Tagen.

⇨ S. 37 ff.

Historisch ist das Drama in einer Phase der „Hochkonjunktur" (früherer Untertitel) angesiedelt; es holt durch zahlreiche Hinweise und Anspielungen die 50er Jahre des 20. Jahrhunderts auf die

Bühne (Nennung von Persönlichkeiten der Zeitgeschichte, zeitgeschichtliche Ereignisse etc.).

Der Handlungsort ist Güllen (=Jauche). Güllen steht aber nicht für einen konkreten Ort, sondern ist ein „Modell". Anfang und Ende des Dramas sowie das Ende des II. Aktes spielen am Bahnhof, der den Charakter eines Symbolraums hat.

Das Drama hat drei Akte. Der erste Akt erfüllt die Funktion der Exposition, weist aber bereits ein steigerndes Moment auf. Der II. Akt enthält den Höhe- und Wendepunkt. Der III. Akt enthält ein retardierendes Moment, bevor die Katastrophe einsetzt.

Innerer Aufbau des Dramas – Kontraste, Paradoxien, groteske Elemente, Motive, Symbole, Requisiten und Themen:

⇨ S. 43 ff.

Im Aufbau des Dramas werden die großen Themen (Recht und Gerechtigkeit, Verlust der Liebe und der Moral) und der Aufbau des Konflikts und seine Lösung über Kontraste (der Bahnhof zu Beginn und am Ende des Dramas), Paradoxien (ein Milliardär verliebt sich in eine Hure), Elemente des Grotesken (die aus „Ersatzteilen" zusammengesetzte Claire Z.), zahlreiche Motive (Todesmotiv, Konsummotiv, Liebesmotiv), Symbole (der schwarze Panther) und Requisiten mit Zeichencharakter (z. B. die Zigarren, die gelben Schuhe) miteinander verknüpft. Eine besondere Bedeutung kommt in diesem Zusammenhang dem Chorlied der Güllener zu. (Abschnitt 3.3)

Figuren:

⇨ S. 61 ff.

Die Hauptfiguren sind:

Alfred Ill:
→ führt einen Krämerladen.
→ ist zu Beginn des Dramas die „beliebteste Persönlichkeit".

- → war die Jugendliebe Claire Zachanassians.
- → wandelt sich vom Lügner und Opportunisten zum Helden.

Claire Zachanassian:
- → ist eine Milliardärin.
- → wurde als junges Mädchen von Ill geschwängert, der aber verleugnete seine Vaterschaft.
- → verlangt gegen eine Spende von einer Milliarde die Ermordung Ills.
- → hängt ihrer Jugendliebe nach und hat für Ill ein Mausoleum auf Capri errichtet.

Wir stellen diese Hauptfiguren ausführlich vor, gehen aber auch auf weitere Figuren und ihre Funktionen im Drama ein. (Abschnitt 3.4)

Stil und Sprache des Dramas:

Dürrenmatt führt im Drama die Sprache als Element der Lüge und Verschleierung vor:　　⇨ S. 82 ff.
- → Die Sprache wird von den Figuren häufig als Mittel der Täuschung eingesetzt.
- → Begriffe und Formulierungen sind deshalb oft mehrdeutig.
- → Die Sprache ist Ausdruck des gemeinsamen Denkraums der Güllener.
- → In Dialogen stimmen Gemeintes und Gesagtes zumeist nicht überein.
- → Die Sprache ist auf der Ebene der Stilmittel u. a. durch Wortspiele, Anspielungen, Ironie, verkürzte Sätze, Stilbrüche und Phrasen gekennzeichnet. (Abschnitt 3.6)

| 1 SCHNELLÜBERSICHT | 2 FRIEDRICH DÜRRENMATT: LEBEN UND WERK | 3 TEXTANALYSE UND -INTERPRETATION |

⇨ S. 88 ff.

> **Folgende Interpretationsansätze werden näher dargestellt:**
>
> → *Der Besuch der alten Dame* als „tragische Komödie"
> → Die Wandlung Ills zum mutigen Menschen
> → Der Verlust der Liebe und der moralischen Werte
> → Die Theaterauffassung Dürrenmatts (Abschnitt 3.7).

2. FRIEDRICH DÜRRENMATT: LEBEN UND WERK[1]

2.1 Biografie

Friedrich Dürrenmatt
1921–1990
© Cinetext/
Barbara Köppe

JAHR	ORT	EREIGNIS	ALTER
1921	Konolfingen (Kanton Bern)	Dürrenmatt wird am **5. Januar** als einziger Sohn des protestantischen Pfarrers Reinhold Dürrenmatt und seiner Ehefrau Hulda (geb. Zimmermann) geboren.	
1935	Bern	Die Familie zieht nach Bern um; Dürrenmatt besucht zunächst das „Freie Gymnasium" und später das „Humboldtianum".	14
1941	Bern	Maturität (Hochschulreife) Dürrenmatt nimmt das Studium der Philosophie und der Literatur- und Naturwissenschaften auf (Zürich, Bern).	20
1943		Erste schriftstellerische Versuche. Es entsteht u. a. das Theaterstück *Komödie*, das aber weder im Druck noch auf der Bühne erscheint.	22
1946	Basel	Dürrenmatt zieht nach Basel.	25
1947		Heirat mit Lotti Geißler *Es steht geschrieben* (Uraufführung)	26
1948	Ligerz	Dürrenmatt lebt in Ligerz am Bielersee. *Der Blinde* (Uraufführung)	27
1949		*Romulus der Große* (Uraufführung)	28

---

1 Zum folgenden Kapitel des Bandes vgl. u. a. Krättli, S. 1–30; Kästler, besonders S. 7–20, Geißler, besonders S. 69–70. Die genannten Werke und Ehrenpreise Dürrenmatts stellen eine Auswahl dar!

2.1 Biografie

JAHR	ORT	EREIGNIS	ALTER
1950/52	Ligerz	*Der Richter und sein Henker* (Kriminalroman)	29/31
1952	Neuchâtel	*Die Ehe des Herrn Mississippi* (Uraufführung). Das Theaterstück wird Dürrenmatts erster großer Bühnenerfolg. Dürrenmatt erwirbt ein Haus in Neuchâtel und lebt dort fortan mit seiner Frau sowie den Kindern Peter, Barbara und Ruth.	31
1953		*Ein Engel kommt nach Babylon* (Uraufführung) *Der Verdacht* (Kriminalroman)	32
1954	Bern	Literaturpreis der Stadt Bern	33
1955		*Grieche sucht Griechin* (Eine Prosakomödie)	34
1956		**Der Besuch der alten Dame** (Uraufführung) *Die Panne* (Erzählung/Hörspiel)	35
1957		Hörspielpreis der Kriegsblinden	36
1958		*Das Versprechen* (Roman) Prix Italia	37
1959		*Frank der Fünfte* (Uraufführung)	38
1962		*Die Physiker* (Uraufführung)	41
1963		*Herkules und der Stall des Augias* (Uraufführung)	42
1966		*Der Meteor* (Uraufführung)	45
1967		*Die Wiedertäufer* (Uraufführung/eine Neubearbeitung von *Es steht geschrieben*)	46
1970		*Porträt eines Planeten* (Uraufführung)	49
1973		*Der Mitmacher* (Uraufführung)	52

2.1 Biografie

JAHR	ORT	EREIGNIS	ALTER
1977	Nizza/ Jerusalem	Buber-Rosenzweig-Medaille Ehrendoktor der Universität Nizza und der Hebräischen Universität Jerusalem	56
	Beerscheba	Ehrenmitglied der Ben-Gurion-Universität in Beerscheba	
1981	Neuchâtel	Tod seiner Frau Lotti Ehrendoktor der Universität Neuchâtel	60
1983		*Achterloo* (Uraufführung)	62
1984		Heirat mit der Schauspielerin Charlotte Kerr Österreichischer Staatspreis für Literatur	63
1985		*Justiz* (Roman)	64
1986		*Der Auftrag* (Novelle)	65
1990	Neuchâtel	**Tod am 14. Dezember** (Herzinfarkt)	69

2.2 Zeitgeschichtlicher Hintergrund

2.2 Zeitgeschichtlicher Hintergrund

ZUSAMMEN-FASSUNG

> Dürrenmatts *Der Besuch der alten Dame* kommt 1956 auf die Bühne:
> → Deutschland erlebt die Phase des „Wirtschaftswunders".
> → Kriegstrümmer werden beseitigt.
> → Die Menschen können sich wieder Waren kaufen; ein bescheidener Wohlstand entwickelt sich.
> → Dürrenmatts Schweizer Heimat wandelt sich von einem agrarisch geprägten Land zu einer modernen (industriell geprägten) Gesellschaft.

Wirtschaftswunder

Als Dürrenmatts Drama uraufgeführt wird, sind erst 11 Jahre seit dem Ende des 2. Weltkrieges vergangen. Man hat sich gerade im Frieden eingerichtet und ist dabei, die Zeit des Nationalsozialismus zu vergessen bzw. zu verdrängen. In Deutschland sind die Trümmer des Krieges nahezu weggeräumt, das sogenannte „Wirtschaftswunder" der sozialen Marktwirtschaft hat eingesetzt, die Westintegration der Bundesrepublik ist abgeschlossen, denn die BRD ist mittlerweile Mitglied des Europarats und durch die Pariser Verträge (1954) auch Mitglied der Westeuropäischen Union und der NATO. Politisch ist das Klima dieser „Restaurationsjahre" durch die konservativen

Adenauer wird Kanzler

Regierungen aus CDU und CSU bestimmt, die 1957 unter Konrad Adenauer einen Wahlsieg erringen, bei dem sie 50,2 Prozent aller Stimmen auf sich vereinigen können. Der zentrale Wahlslogan hieß (bezeichnenderweise): „Keine Experimente!"

Die Menschen in Deutschland sehen eher optimistisch in die Zukunft. Die Einkommen lassen ersten bescheidenen Wohlstand zu, man sieht vermehrt Autos auf den Straßen: 1953 hat der Be-

2.2 Zeitgeschichtlicher Hintergrund

stand an PKW und Motorrädern in der BRD den von 1939 in Gesamtdeutschland bereits überschritten, bei Volkswagen laufen täglich rund 1500 „Käfer" vom Fließband. Die ersten weiteren Reisen werden geplant.

Das Drama verweist deutlich auf seine Entstehungszeit in den 1950er Jahren. Der wirtschaftliche Aufschwung wird ins Stück geholt. *Der Besuch der alten Dame* vollzieht sich in Bezug auf die Schweizer Heimat Dürrenmatts zudem in einer Periode des Umbruchs, der Entwicklung einer agrarisch geprägten Naturlandschaft zum städtischen Raum:

Die 1950er Jahre

> „Drückten die immer besseren Kleider den anwachsenden Wohlstand aus, diskret, unaufdringlich, doch immer weniger zu übersehen, wurde der Bühnenraum stets appetitlicher, veränderte er sich, stieg er in seiner sozialen Stufenleiter, als siedelte man von einem Armeleutequartier unmerklich in eine moderne, wohlsituierte Stadt über … Die einst graue Welt hat etwas Blitzblankes." (S. 131 f.)

„Etwas Blitzblankes"

Das Stück enthält zahlreiche Hinweise auf die (historische) Zeit. So sind die Medienvertreter Presseleute (Zeitungen), Radioreporter und ein Kameramann der „Filmwochenschau", die in Kinos der 1950er Jahre (vor dem eigentlichen Spielfilm) gezeigt wurde. Das Fernsehen hat seinen Siegeszug noch nicht angetreten (in der Bundesrepublik begannen im November 1950 die ersten Versuchssendungen an lediglich drei Wochentagen).[2] Aber einen Fernsehapparat, als Zeichen der kommenden Zeit, schafft sich die Güllener Familie Stocker bereits an (siehe II. Akt).

Zeitverweise

Das Fernsehen

---

[2] Der Radioreporter erwähnt die „Kollegen vom Fernsehen", als Figuren tauchen sie jedoch nicht auf (vgl. S. 119).

2.2 Zeitgeschichtlicher Hintergrund

Konsum

Zahlreiche Produkte finden im Stück Erwähnung, die für die 50er Jahre als typisch gelten können: man trinkt Steinhäger, leistet sich bessere Zigarren (wie der Bürgermeister), schafft sich einen „Opel Olympia" an (die Adam Opel AG hatte bis Ende 1951 bereits mehr als 250 000 Wagen in Nachbarländer wie die Schweiz exportiert; der „Opel Olympia" wurde bis 1957 produziert) oder einen „Messerschmitt" (einen dreirädrigen Kabinenroller) und kauft sich (die damals noch recht teure) Schokolade. Die Menschen werden aufgrund des wirtschaftlichen Aufschwungs zu Konsumenten, Mangel und Not der Nachkriegszeit geraten allmählich in Vergessenheit. Auch über die Erwähnung von Personen der Zeitgeschichte werden die 50er Jahre ins Stück geholt. So bekommt Claire Zachanassian z. B. Post von „Ike", also dem amerikanischen Präsidenten Dwight D. Eisenhower, und Nehru (indischer Premierminister).

2.3 Angaben und Erläuterungen zu wesentlichen Werken

ZUSAMMEN-
FASSUNG

Dürrenmatt
→ zeigt in Dramen und Kriminalromanen den „mutigen Einzelnen".
→ gestaltet häufig das Motiv des Essens.
→ thematisiert das Motiv des Zufalls.

Bereits die Zeitleiste (2.1), die selbst wiederum ja nur eine Auswahl aus dem Werk Friedrich Dürrenmatts präsentiert, dürfte deutlich gemacht haben, wie umfangreich das Gesamtwerk des Autors ist. Jeder Versuch, alleine dem dramatischen Schaffen Dürrenmatts auf wenigen Seiten gerecht zu werden, muss deshalb zum Scheitern verurteilt sein und wird hier gar nicht erst unternommen. Vielmehr sollen ausschnitthaft die Figuren **Ill** und **Romulus** aus Dürrenmatts *Der Besuch der alten Dame* und *Romulus der Große* sowie Kommissar **Bärlach** aus den Kriminalromanen *Der Richter und sein Henker* und *Der Verdacht* sowie **Möbius** aus der Komödie *Die Physiker* beleuchtet werden, weil es zwischen ihnen Berührungspunkte gibt. In einem weiteren Abschnitt dieses Kapitels soll auf einige Motivverbindungen zwischen dem Drama *Der Besuch der alten Dame* und anderen literarischen Werken Dürrenmatts hingewiesen werden.

Umfangreiches Gesamtwerk

Die im Textteil gegebenen Erläuterungen werden am Ende des Kapitels in einem Schaubild zusammengefasst.

2.3 Angaben und Erläuterungen zu wesentlichen Werken

Der Einzelne und die Verantwortung – Anmerkungen zu einigen Figuren Friedrich Dürrenmatts

1949 kommt Dürrenmatts Vier-Akter *Romulus der Große*, eine „ungeschichtliche historische Komödie", auf die Bühne (Uraufführung am Stadttheater Basel).[3]

Kaiser Romulus

Romulus, der letzte Kaiser des römischen Imperiums, wird damit konfrontiert, dass die Germanen vor den Toren Roms stehen. Er ist aber zu der Einsicht gekommen, dass das Römische Reich zum Untergang verurteilt ist. Aus dieser Einsicht heraus weigert sich Romulus, die verbliebenen Truppen Roms in ein letztes und aussichtsloses Gefecht zu führen. Als Romulus dem Germanenfürsten Odoaker, dem Eroberer Roms, begegnet, stellt Romulus fest, dass Odoaker mit ihm die Vorliebe für die Hühnerzucht und die Müdigkeit, ein Weltreich zu erobern, teilt. Beide Männer verständigen sich darauf, noch einmal eine kaiserliche Pose einzunehmen: Romulus ernennt Odoaker zum König von Italien, Odoaker schickt Romulus feierlich in Pension.

Kommissar Bärlach

Kommissar Bärlach ist die Mittelpunktfigur der Kriminalromane ***Der Richter und sein Henker*** (1950/52) und ***Der Verdacht*** (1953). In *Der Richter und sein Henker* beauftragt Kommissar Bärlach seinen Mitarbeiter Tschanz damit, den Mord an Schmied, der ebenfalls Mitarbeiter Bärlachs war, aufzuklären. Bärlach treibt von Anfang an ein doppeltes Spiel, da er zu der Erkenntnis gekommen ist, dass es Tschanz war, der Schmied aus Neid und Karrieresucht getötet hat.

Bärlachs doppeltes Spiel

Schmied war auf den Verbrecher Gastmann angesetzt worden, den Bärlach sein ganzes Polizistenleben lang vergeblich zu überführen versucht hat und mit dem er schuldhaft in eine Wette ver-

---

3 Textausgabe: Friedrich Dürrenmatt: *Romulus der Große*. Eine ungeschichtliche historische Komödie (Neufassung 1980). Zürich: Diogenes Verlag, 1985 (detebe 20832)

2.3 Angaben und Erläuterungen zu wesentlichen Werken

strickt ist. Bärlach setzt nun Tschanz auf Gastmann an und manipuliert ihn so, dass Tschanz, um von sich selber abzulenken, Gastmann tötet und diesen als Mörder Schmieds präsentiert. In einem letzten Gespräch offenbart Bärlach Tschanz sein Wissen um den Mord an Schmied und gesteht Tschanz, dass er sich zum Richter über Gastmann gemacht und Tschanz als Henker für Gastmann gebraucht habe. Festnehmen lässt Bärlach Tschanz jedoch nicht. Dieser richtet sich selbst (er wird mit seinem Wagen von einem Zug überrollt).

In *Der Verdacht* gerät Bärlach zufällig an ein Foto, das in ihm (bzw. in dem mit ihm befreundeten Arzt Hungertobel) den Verdacht erregt, es zeige einen ehemaligen KZ-Arzt, der unter anderem Namen nun eine angesehene Klinik für Millionäre betreibt. Bärlach geht diesem Verdacht konsequent nach und begibt sich in die Klinik. Dr. Emmenberger erweist sich als der, den Bärlach in ihm vermutet hat, durchschaut aber Bärlachs Tarnung und will den kranken Kommissar auf dem OP-Tisch töten. Gerettet wird Bärlach durch den rechtzeitig auftauchenden Juden Gulliver (eine Personifizierung des wandernden „ewigen Juden"), der die Menschenexperimente Dr. Emmenbergers im Konzentrationslager überlebt hat und nun als Racheengel durch die Welt zieht.

Der Verdacht

Neben *Der Besuch der alten* Dame ist die Komödie **Die Physiker**, die 1962 uraufgeführt wurde, zum größten Theatererfolg Dürrenmatts geworden.

Die Physiker

Das Stück spielt im Sanatorium „Les Cerisiers", das unter der Leitung von Mathilde von Zahnd steht. Drei Patienten werden dort betreut, alle drei Physiker. Der eine hält sich für Einstein, der zweite für Newton und der dritte ist Möbius, der behauptet, ihm erscheine der König Salomo. Das Stück beginnt als Kriminalgroteske, denn alle drei Physiker bringen eine Krankenschwester um (I. Akt). Im II. Akt stellt sich aber heraus, dass es sich bei Einstein und

Möbius erscheint König Salomo

2.3 Angaben und Erläuterungen zu wesentlichen Werken

Newton, die ganz und gar nicht verrückt sind, um die Geheimagenten zweier feindlicher Mächte handelt, die sich lediglich im Sanatorium aufhalten, um Möbius auf die Spur zu kommen und ihn samt seinen genialen physikalischen Entdeckungen für ihre jeweilige Macht zu gewinnen. Es stellt sich ebenfalls heraus, dass auch Möbius den Irren nur spielt. Er ist in die Irrenanstalt gegangen, um sein Wissen und seine Entdeckungen nicht in die Hände von Politikern fallen zu lassen. Es gelingt Möbius, Einstein und Newton davon zu überzeugen, mit ihm gemeinsam im Irrenhaus zu bleiben, um die Welt vor dem Untergang zu bewahren, den er auf Grund seiner Erfindungen für möglich hält. Das Stück nimmt eine erneute Wendung, als Mathilde von Zahnd den drei Physikern verkündet, ihr erscheine Salomo, den Möbius verraten habe. Mathilde von Zahnd hat Möbius' Aufzeichnungen kopiert, um sie zu verwerten und ein Imperium aufzubauen. Das Sanatorium wird zum Gefängnis für die drei Physiker. Die Geschichte hat ihre schlimmstmögliche Wendung genommen.

Ein böses Ende

Bei aller Unterschiedlichkeit in der Figurenzeichnung und den Charakterzügen, den Handlungsweisen und Konstellationen, in die Romulus, Möbius und Bärlach gesetzt sind, ergeben sich doch Bezugspunkte zwischen diesen Figuren und Ill aus *Der Besuch der alten Dame*. Auf ihre jeweils ganz eigene Weise haben die Figuren Schuld auf sich geladen und müssen sich ihrer Verantwortung stellen, wobei sie oft von der eigenen Vergangenheit eingeholt werden. Romulus erkennt im Gespräch mit Odoaker an, dass er sich das Recht genommen hat, „Roms Richter zu sein" und von seinem „Lande ein ungeheures Opfer" verlangt zu haben (*Romulus*, S. 108). Bärlach muss sich eingestehen, dass er durch die Wette mit Gastmann Schuld auf sich geladen hat, die er durch eine erneute Schuld in der Gegenwart – er macht sich zum Richter – zu tilgen sucht; Ill wird ebenfalls von der Vergangenheit, in der er

Bezüge zwischen den Figuren

Schuld und Verantwortung

2.3 Angaben und Erläuterungen zu wesentlichen Werken

Schuld auf sich geladen hat, eingeholt. Möbius ist, um ein schrecklicheres Morden zu verhindern, zum Mörder und somit schuldig geworden. Alle vier Figuren ziehen individuelle Konsequenzen aus ihren Einsichten und ihren Schuldanerkennungen. Ill steigt nicht in den Zug, der ihn von Güllen fortbringen könnte, Romulus erklärt das römische Weltreich für aufgelöst und geht in Pension, Bärlach riskiert sein Leben und begibt sich in die Hände eines Mörders, Möbius sucht Rettung durch die Flucht in das Irrenhaus. Durch ihre individuelle Tat wird die Welt als Ganzes aber nicht gerettet. Besonders Möbius trägt durch seinen Entschluss dazu bei, dass die „schlimmstmögliche Wendung" eintritt. Aber man „... kann den Kaiser Romulus, man kann Ill und Möbius, die tapferen Einzelnen, als Menschen verstehen, die ihre Verantwortung wahrnehmen, indem sie nicht mehr mitmachen, nicht mehr mitspielen"[4].

Der tapfere Einzelne

Vom Essen und Trinken – Motivverbindungen

Dass ein zentraler Dialog oder ein bedeutender Handlungsabschnitt in einem Text Dürrenmatts während eines Essens stattfindet, ist nicht nur dem Umstand geschuldet, dass Dürrenmatt selbst dem Essen und Trinken gerne zugesprochen hat. Dürrenmatt nutzt das kommunikative Moment eines Essens, um seine Figuren „ins Gespräch miteinander" zu bringen und so Dialog und Handlung voranzutreiben. Allerdings wendet er die kommunikative Situation des Essens oft ins Bedrohliche und Gespenstische. Wenn Einstein das gemeinsame Abendessen der drei Physiker als „**reinste Henkersmahlzeit**" bezeichnet (*Die Physiker*, S. 66, Hervorhebung nicht im Original), so trifft er mit seiner als Witz gemeinten Bemerkung den Nagel auf den Kopf, denn noch während des Essens verwandelt sich der Salon des Sanatoriums in ein Gefängnis

Kommunikative Situation

Das Essen als „Henkersmahlzeit"

---

4 Krättli, S. 20

2.3 Angaben und Erläuterungen zu wesentlichen Werken

Das Essen als Verhörsituation

(vgl. S. 67). Als eine Henkersmahlzeit entpuppt sich für den Generalvertreter Alfredo Traps aus Dürrenmatts ***Die Panne*** (1956) das Abendessen mit den älteren Herren, in deren Gesellschaft er nach der Panne seines Fahrzeugs gerät. Das Gespräch bei Tisch setzt Traps einer Verhörsituation aus; die alten Herren, ein Richter, ein Staatsanwalt, ein Verteidiger und ein (nebenberuflicher) Henker, alle schon nicht mehr im Amt, klagen ihn des Mordes an und verurteilen ihn zum Tode; das Spiel, wie sie es nennen, endet damit, dass Traps sich in seinem Zimmer erhängt.

Das Essen als Falle

Auch das letzte und entscheidende Gespräch zwischen Kommissar Bärlach und seinem Mitarbeiter Tschanz findet während eines Abendessens statt. Bärlach überführt Tschanz nicht nur des Mordes an Schmied, sondern klärt Tschanz darüber auf, dass und wie er ihn zum Werkzeug gemacht hat, um Gastmann, den er seit Jahren gejagt hat, zu vernichten. Tschanz muss erkennen, dass die freundliche Einladung zum Essen eine Falle war.

Und Kaiser Romulus und Odoaker kommen sich beim Genuss von Spargelwein, den Romulus kredenzen lässt, näher.

Genuss- und Lebensmittel

In ***Der Besuch der alten Dame*** gibt es keine Szene mit einem großen Essen, doch spielen hier Genuss- und Lebensmittel eine Rolle, die die Güllener in Ills Krämerladen (in Erwartung baldigen Reichtums) auf Kredit kaufen (Schokolade, Tabak, Kognak) und in seinem Laden verzehren (siehe II. Akt). Nicht Ill verzehrt hier seine Henkersmahlzeit, sondern die Henker selbst sind es (die Einwohner Güllens), die, auf Ills Ermordung spekulierend, sich in seinem Laden dem Genuss auf seine Kosten hingeben. Ills „Henkersmahlzeit" ist eine Zigarette. Er wird ermordet, nachdem er seine Zigarette auf den Boden fallen gelassen und sie ausgetreten hat. Er wird ausgelöscht – wie seine Zigarette.

2.3 Angaben und Erläuterungen zu wesentlichen Werken

Vom Zufall – Motivverbindungen

Romulus und Odoaker können als Beleg für die Rolle des Zufalls in den literarischen Werken Dürrenmatts gelten, denn beide Imperatoren vereint (rein zufällig natürlich!) das Interesse an der Hühnerzucht. Ein Zufall führt den Generalvertreter Traps (*Die Panne*) in die Abendgesellschaft der alten Herren, denn just an dem Abend, an dem der Motor seines Wagens wegen einer defekten Benzinleitung streikt, sind alle Gasthöfe in dem kleinen Ort belegt, so dass man ihn auf die Villa hinweist, in der ab und zu Reisende als Gast aufgenommen werden. Und zufällig tagen an diesem Abend wieder einmal die alten Herren und laden ihn ein.

Rein zufällig!

Mehr durch einen Zufall kommt Kommissar Bärlach (*Der Verdacht*) dem ehemaligen KZ-Arzt Nehle/Emmenberger auf die Spur; denn zufällig hat Bärlachs Freund und Arzt Dr. Hungertobel diesen einst operiert und meint (wenn auch stark zweifelnd) ihn auf einem Foto wiedererkannt zu haben. Und gerettet wird Bärlach ebenfalls durch einen Zufall, der darin besteht, dass der Jude Gulliver, der Bärlach in höchster Not hilft, den mörderischen Zwerg (das Werkzeug Emmenbergers/Nehles) aus dem Konzentrationslager kennt. In *Die Physiker* führt ein Zufall Möbius ausgerechnet in ein Sanatorium, das von einer irren und geisteskranken Ärztin geleitet wird.

Zufälle als Handlungselemente

Nun können Zufälle in den Werken Dürrenmatts ein unterschiedliches Gewicht, eine unterschiedliche Funktion haben. Sie können Anstoß für die Handlung sein, wie etwa das Foto für Bärlach Anstoß für seine Ermittlungen ist. Beim Zufall in *Die Physiker* handelt es sich um einen, wie Ulrich Profitlich es einmal genannt hat, „definitiven Zufall", einen Zufall, der das Geschehen in einem solchen Grade bestimmt, dass der (negative) Ausgang unaufhaltsam wird, dass die Schicksale der Figuren besiegelt sind, dass alle anderen Handlungsfaktoren keinen Einfluss mehr auf den Ausgang

Der Zufall als dramaturgisches Moment

2.3 Angaben und Erläuterungen zu wesentlichen Werken

nehmen können und dass, wenn ein positives Ende greifbar nahe erscheint (in *Die Physiker* der Entschluss, gemeinsam im Irrenhaus zu bleiben, um die Welt zu retten), die Handlung eine entscheidende Schicksalswende nimmt.[5]

Zufall im Besuch der alten Dame

Auch in **Der Besuch der alten Dame** ist der Zufall wirkungsmächtig, muss es doch als Zufall erscheinen, dass die mit Schimpf und Schande aus Güllen verjagte Claire Wäscher ausgerechnet in einem Bordell auf einen Multimilliardär trifft, der sie heiratet und ihr dadurch die Geldmittel in die Hände spielt, die sie benötigt, um ihre spätere Rache in die Tat umsetzen zu können. Dieser Zufall gehört zu den Handlungsvoraussetzungen, die das Bühnengeschehen ins Rollen bringen. Der Zufall spielt bei Dürrenmatt auf zwei Ebenen eine Rolle; auf der Ebene der Dramaturgie (des einzelnen Dramas oder auch einer Erzählung) ist der Zufall das Mittel, um den Einfall, der am Beginn eines Dramas oder eine Erzählung steht, über die Handlung zu entfalten und bis zu ihrem Ende zu führen, also zur „schlimmstmöglichen Wendung"[6].

Philosophische Dimension

Zugleich hat der Zufall aber auch eine philosophische Dimension. Er stellt sich dem planenden Menschen entgegen und zeigt ihm die Grenzen des „Machbaren" (im Sinne einer vorausschauenden Planung) auf. Der Zufall als Prinzip ist der Ausdruck einer verlorenen Ordnung in einer Welt, die Dürrenmatt als „Chaos" sieht.[7]

„Es ist immer noch möglich, den mutigen Menschen zu zeigen." (Dürrenmatt, *Theaterprobleme*):

---

5 Vgl. hierzu Profitlich, S. 28 f.
6 Dürrenmatts Punkte 1 und 2 zu *Die Physiker* beschreiben diesen Ansatzpunkt: „1 Ich gehe nicht von einer These, sondern von einer Geschichte aus. 2 Geht man von einer Geschichte aus, muß sie zu Ende gedacht werden." (*Die Physiker*, S. 91)
7 Vgl. Dürrenmatt, *Theaterprobleme*, S. 109

2.3 Angaben und Erläuterungen zu wesentlichen Werken

Romulus der Große
(1949)
Drama:
Hauptfigur Romulus

Der Richter und sein Henker
(1950/52)
Kriminalroman:
Hauptfigur Kommissar Bärlach

Der Besuch der alten Dame
(1956)
Drama:
Hauptfigur Alfred Ill

Der Verdacht
(1954)
Kriminalroman:
Hauptfigur Kommissar Bärlach

Die Physiker
(1962)
Drama:
Hauptfigur Möbius

Ein wichtiges thematisches Element im Werk Dürrenmatts:
Der Einzelne (der mutige Mensch) und die Verantwortung: Schuldthematik

Die „tapferen Einzelnen":
Romulus, Bärlach, Möbius, Ill

↓

Verbindungselemente

Die Rolle des Zufalls:

→ als dramaturgisches Element
(*Der Verdacht; Der Richter und sein Henker; Die Physiker*)
→ als Handlungselement/ Handlungsvoraussetzung
(*Romulus; Die Panne; Die Physiker*)
→ im Kontext der Auffassungen Dürrenmatts: die verlorene Ordnung, die Welt als „Chaos"

Das Motiv des Essens:

→ als „Henkersmahlzeit" (*Die Physiker*)
→ als Element einer Verhörsituation
(*Die Panne; Der Richter und sein Henker*)
→ als kommunikatives Element (*Romulus*)
→ in Form von Lebens- und Genussmitteln
(*Der Besuch der alten Dame*)

3. TEXTANALYSE UND -INTERPRETATION

3.1 Entstehung und Quellen

ZUSAMMEN-FASSUNG

Dürrenmatt
- greift Motive seiner (erst später fertig gestellten) Novelle *Mondfinsternis* auf.
- wird durch eine Zugreise zu seinem Theaterstück angeregt.
- wird durch andere literarische Werke (mehr oder weniger stark) beeinflusst.

Eine Bahnfahrt

Das Stück *Der Besuch der alten Dame* ist 1955 in Neuchâtel entstanden und greift die früher lediglich konzipierte Novelle *Mondfinsternis* auf (die Novelle selbst stellt Dürrenmatt erst 1978 fertig). Vermutlich ist Dürrenmatt durch eine Bahnfahrt zu seinem Stück angeregt worden. Er fuhr von Neuenburg (Neuchâtel), wo er ab 1952 seinen Wohnsitz hatte, nach Bern und wieder zurück. In Kerzers und Ins, zwei kleinen Orten, hielt der Schnellzug an, und Dürrenmatt kam zu der Überlegung, dass es den Anfang vom Ende für die beiden Orte bedeuten würde, wenn der Schnellzug dort

Der Bahnhof

nicht mehr hielte.[8] Folgerichtig beginnt *Der Besuch der alten Dame* auf einem Bahnhof, der ebenso verlottert ist wie das Städtchen Güllen, zu dem er gehört. Und auch das Ende des Dramas spielt auf dem Bahnhof, der aber, wie die gesamte Stadt, nun renoviert ist, etwas Blitzblankes hat und in dem die Schnellzüge wieder anhalten.

---

8 Vgl. Knopf, S. 93

3.1 Entstehung und Quellen

Durch diesen dramaturgischen Kunstgriff wird die „... Verbindung von moderner Technik und ‚Bedeutung' von Bedeutung-Sein ... hergestellt"[9].

Dürrenmatts Stück weist, darauf wird in der begleitenden Fachliteratur immer wieder aufmerksam gemacht, auf verschiedene literarische Werke, zu denen es Motivverbindungen gibt oder die Dürrenmatt beeinflusst oder die eine oder andere Idee geliefert haben. Gotthelfs *Schwarze Spinne* ist zu nennen, auch Henrik Ibsens *Ein Volksfeind* (1882), *Das Haus in Montevideo oder Traugotts Versuchung* von Curt Goetz (1945) sowie *Der jüngste Tag* von Ödön von Horváth (1937).[10] Der deutlichste Einfluss auf Dürrenmatts Drama wird Mark Twains Geschichte *Der Mann, der Hadleyburg korrumpierte* aus dem Jahre 1899 zugesprochen. In Twains Geschichte widerfährt einem Reisenden in der Kleinstadt Hadleyburg Unrecht. Er fasst daraufhin den Plan, die selbstgerechten Bürger der Stadt in Versuchung zu führen, um ihre „... Heuchelei und ihre Habgier unter dem scheinheiligen Gerede von Tugend und Christentum aufzudecken. ... Bei Mark Twain ist die Entlarvung der Bürger von Anfang an Hauptzweck."[11]

Auch die Zeitumstände, die 1950er Jahre und der wirtschaftliche Aufschwung, der mit ihnen (zumindest im Westen Europas) verbunden ist, spielen in das Stück hinein. „Um 1950 begann eine neue Zeit. ... Die Wirklichkeit bekam wieder Glanz. Sonntag und Alltag waren wieder zu unterscheiden. Es gab wieder eine Spur von Luxus, wieder etwas, worauf sich Ehrgeiz und Träume projizieren ließen."[12] Die Trümmer des Krieges sind fast überall weg-

Literarische Bezüge

Mark Twain

Zeitbezüge als Hintergrund

---
9 Ebenda
10 Vgl. Knapp, S. 84 f. sowie Dominik Jost: *Vom Gelde: Der Besuch der alten Dame.* In Armin Arnold (Hrsg.): Interpretationen zu Friedrich Dürrenmatt. Stuttgart: Klett, 1982 (LGW 60), S. 72 f.
11 Jost, S. 72
12 Paul Maenz: *Die 50er Jahre. Formen eines Jahrzehnts.* Köln: DuMont Verlag, 1984 (dumont taschenbücher 157), S. 34

3.1 Entstehung und Quellen

geräumt, der Neuaufbau und das Wirtschaftswunder setzen ein. Und die Schweiz, vom Krieg und seinen Folgen verschont, vollzieht diese Entwicklung zum Modernen rascher und drastischer: Ein Bauboom erfasst das Land, eine Motorisierungswelle ergreift seine Bürger, die Konjunktur zieht an.

Zitat von Jan Knopf

„In der unzerstörten Schweiz wurde schneller offenbar, was in den anderen westeuropäischen Ländern, voran der Bundesrepublik, noch lange kaschiert wurde: dass der Umbau des kleinen, landwirtschaftlichen Landes in einen modernen Industriestaat nicht nur Aufbau, sondern vor allem auch Zerstörung hieß, Zerstörung einer menschlichen, überschaubaren, natürlichen, aber auch besonders schönen Landschaft zugunsten einer abgezirkelten, scheinbar sauberen, planen Industriewelt."[13]

Ökonomischer Aufschwung

Und so zeigt das Stück *Der Besuch der alten Dame* auch die Geschichte eines ökonomischen Aufschwungs: Die Bürger Güllens werden zu Wohlstandsbürgern, leisten sich nicht nur die Genussmittel des Alltags (Camel-Zigaretten, Schokolade), sondern auch elegante Kleidung, schaffen sich Fahrzeuge an, etwa den „Opel Olympia", und spielen Tennis. Mit Güllen und seinen Bürgern ist somit etwas gestaltet, was für das Jahrzehnt überhaupt gelten kann, der Weg in die Prosperität. Dürrenmatt hat diese Dimension mit dem *ursprünglichen Untertitel* der Komödie zum Ausdruck gebracht: „*Komödie der Hochkonjunktur*". Dass Dürrenmatt dieser Entwicklung skeptisch-ablehnend gegenübersteht, lässt sich aus *Der Besuch der alten Dame* unschwer ablesen.

---

13 Knopf, S. 92

3.2 Inhaltsangabe

Die Milliardärin Claire Zachanassian bietet den Bewohnern ihres ehemaligen Heimatortes Güllen eine Milliarde an, wenn jemand Alfred Ill, ihre Jugendliebe, tötet. Ill hatte sie einst geschwängert, seine Vaterschaft aber bestritten. Nach einer ersten (empörten) Ablehnung des Angebots erliegen die Güllener immer mehr der Versuchung, das Angebot anzunehmen. Ill wandelt sich. Er erkennt seine (damalige) Schuld an und wird am Ende von den Güllenern getötet, die nun ein Leben in Luxus führen können.

ZUSAMMEN-FASSUNG

Claire Zachanassian wird in Güllen empfangen. Aufführung 1965 an der Berliner Volksbühne.
© Cinetext/Harry Hirschfeld

3.2 Inhaltsangabe

I. Akt
Claire Zachanassian trifft am Güllener Bahnhof ein

Am heruntergekommenen Bahnhof des verarmten Städtchens Güllen warten Bürger auf die Ankunft ihrer ehemaligen Mitbürgerin Klara Wäscher, die jetzt Claire Zachanassian heißt und Multimilliardärin ist. Sie erhoffen sich eine großzügige Spende der Zachanassian und dadurch einen wirtschaftlichen Aufschwung der Gemeinde.

Ill möchte Claire zu einer Spende überreden

Ill schlägt dem Bürgermeister vor, zunächst alleine mit Claire Zachanassian, seiner ehemaligen Jugendliebe, reden zu dürfen, um ihre Stimmung für eine Spende positiv beeinflussen zu können.

Zur Überraschung der Wartenden hält der „Rasende Roland", ein Schnellzug, der wie alle anderen Schnellzüge Güllen sonst lediglich durchfährt, am Bahnhof. Dem Zug entsteigt Claire Zachanassian samt ihrem Gefolge.

Todesboten

Einzelne Persönlichkeiten des Ortes (Polizist, Pfarrer, Arzt und Lehrer) stellen sich Claire Zachanassian vor: Den Arzt fragt sie, ob er Totenscheine ausstelle, und den Pfarrer fragt sie, ob er zum Tode Verurteilte tröste. Anschließend will sie sich in Begleitung Ills auf den Weg zur Peterschen Scheune und in den Konradsweilerwald machen, alte Liebesorte aus der Zeit mit Ill.

Bei den Güllenern steigt die Hoffnung, Ill könne Claire Zachanassian dazu bringen, durch eine Spende der Stadt zu helfen.

Erstes Gespräch zwischen Claire Zachanassian und Ill

Claire: „Nun ist die Zukunft gekommen." (S. 37)

Es kommt zu einem Gespräch zwischen Ill und Claire Zachanassian im Konradsweilerwald, einem Ort, der mit Erinnerungen an ihre frühere Liebe verbunden ist. Das Gespräch enthüllt einen Teil ihrer gemeinsamen Geschichte: Ill hat Claire wegen seiner jetzigen Frau (Besitzerin des Krämerladens) verlassen, Claire wurde Dirne in einem Hamburger Bordell, wo sie den alten Zachanassian ken-

3.2 Inhaltsangabe

nenlernte, der sie heiratete und ihr bei seinem Tod Milliarden hinterließ.

Ill bittet Claire, das Städtchen nicht im Stich zu lassen, was Claire ihm zusagt.

Claire Zachanassians Bedingung

Im Wirtshaus kommt es dann zu der geplanten Feierlichkeit mit Chor, Musik und einer Pyramide der Turner. Claire Zachanassian kündigt an, sie wolle der Stadt eine Milliarde schenken (fünfhundert Millionen für die Stadt, weitere fünfhundert Millionen verteilt auf die einzelnen Familien). Ungeheurer Jubel bricht aus, doch Claire Zachanassian stellt eine Bedingung für ihre Schenkung: Sie will Gerechtigkeit kaufen. Die Güllener reagieren mit Verständnislosigkeit. Daraufhin tritt Claire Zachanassians Butler vor. Er gibt sich als der ehemalige Güllener Oberrichter Hofer zu erkennen, der in die Dienste der Zachanassian getreten ist. Hofer fordert Ill auf vorzutreten und führt dann aus, er habe im Jahre 1910 eine Vaterschaftsklage zu verhandeln gehabt, angestrengt von Claire Zachanassian gegen Ill. Dieser aber habe die Vaterschaft bestritten.

Die Spende

Claires und Ills Vergangenheit

Die beiden blinden Männer aus dem Gefolge der Zachanassian treten vor und geben sich als Ludwig Sparr und Jakob Hühnlein zu erkennen und sagen aus, dass sie im damaligen Prozess, von Ill bestochen, eine Falschaussage gemacht hätten, indem sie behauptet hätten, mit Claire Zachanassian geschlafen zu haben. Weiterhin sagen sie aus, dass sie von Claire Zachanassians Monstren Toby und Roby Jahre nach dem Prozess zur Strafe für ihre Falschaussage kastriert und geblendet worden sind. Ill besteht darauf, dass die alten Geschichten längst verjährt seien, doch Claire Zachanassian erhebt den Vorwurf, durch das Fehlurteil des Gerichts zur Dirne gemacht worden zu sein, beschuldigt Ill, an ihrem Schicksal Schuld zu tragen

Claire will Gerechtigkeit

3.2 Inhaltsangabe

Therese Giehse, 1956 als Claire Zachanassian in der westdeutschen Uraufführung von Friedrich Dürrenmatts *Der Besuch der alten Dame* an den Kammerspielen München
© Cinetext Bildarchiv

3.2 Inhaltsangabe

und sie in ihr Leben gezwungen zu haben. Erneut fordert sie Gerechtigkeit als Gegenleistung für eine Milliarde. Unter dem Beifall der Anwesenden weist der Bürgermeister das Angebot Claire Zachanassians ab. Doch diese sagt: „Ich warte." (S. 50)

II. Akt
Die Güllener werden zu Konsumenten

Der II. Akt beginnt mit einer Folge von Parallelszenen, die in Ills Laden und auf dem Balkon des Hotels „Zum Goldenen Apostel" spielen, wo Claire Zachanassian residiert. Kränze werden über die Bühne getragen, mittlerweile ein allmorgendliches Ritual in Güllen. Güllener suchen Ills Laden auf, erstehen Waren und lassen anschreiben. Claire Zachanassian probiert die Zigarren ihres siebten Mannes, von dem sie sich getrennt hat, aus. Bei Gesprächen mit Ill versichern ihm die Güllener, dass sie zu ihm stehen, kaufen aber Schokolade und Schnaps auf Pump. Helmesberger (Der Zweite) taucht bei Ill auf, der feststellt, dass dieser, genau wie die Frauen bei ihm im Laden, neue gelbe Schuhe trägt, die auf Pump gekauft sind. Ill bewirft die Kunden mit Waren, stürzt in die Hinterräume des Ladens und sucht später den Bürgermeister auf und verlangt Schutz, aber der Bürgermeister beschwichtigt ihn und verweist auf die humanistischen Traditionen der Stadt. Er raucht teure neue Zigarren, eine neue Schreibmaschine wird in sein Büro gebracht. Der Bürgermeister teilt Ill mit, dass er wegen seiner Verfehlungen nicht mehr als sein Nachfolger in Frage komme, und weist die Vorhaltungen Ills, die Stadt spekuliere auf seine Ermordung, empört zurück.

Wandel in Güllen

Konsumrausch

Der Bürgermeister

Ill gerät immer mehr in Isolation

Ill wendet sich an den Pfarrer, um bei ihm Hilfe zu suchen. Der Pfarrer aber rät ihm, sich um sein Seelenheil zu kümmern, sein

Der Pfarrer: „Flieh, führe uns nicht in Versuchung, indem du bleibst." (S. 76)

3.2 Inhaltsangabe

Gewissen zu durchforschen und den Weg der Reue zu gehen. Ill bemerkt, dass der Pfarrer eine neue Glocke angeschafft hat, und bezichtigt auch ihn, auf seinen Tod zu setzen. Daraufhin fordert der Pfarrer Ill auf zu fliehen, um die Gemeinde nicht länger in Versuchung zu führen.

Ill hat eine Waffe

Claire Zachanassian registriert Schüsse und erfährt, dass man ihren Panther vor Ills Laden erschossen hat. Die Gülleren sprechen Claire Zachanassian ihr Beileid aus. Als Ill mit einem Gewehr erscheint, verschwinden die Gülleren. Ill bedroht Claire Zachanassian mit dem Gewehr und fordert sie auf, dem Spiel ein Ende zu machen, doch die Zachanassian ist von Ills Waffe unbeeindruckt. Sie erinnert Ill an den Tag ihrer ersten Begegnung und den Beginn ihrer Liebe und lässt Ill zurück, um den Transfer der Milliarde vorzubereiten.

Ills Erkenntnis: Ich bin verloren

Ill will fliehen, aber er entscheidet sich anders

In der letzten Passage des II. Aktes sehen wir Ill auf dem Weg zum Bahnhof. Ein Zug hält an; die Gülleren, die sich im Kreis um Ill geschart haben, fordern ihn auf, den Zug zu besteigen; Ill fällt, voller Furcht, auf die Knie; der Bürgermeister fordert ihn auf, in den Zug zu steigen, ebenso der Lehrer. Der Zug fährt ab. Alle verlassen Ill, der auf dem Bahnsteig zusammengebrochen ist und jetzt weiß: „Ich bin verloren." (S. 85)

III. Akt
Ein gescheiterter Rettungsversuch

Claire Zachanassian gehört die ganze Stadt

Der Lehrer und der Arzt suchen Claire Zachanassian in der Peterschen Scheune auf. Sie machen ihr den Vorschlag, ihre Milliarde nicht zu verschleudern, sondern sie dazu zu benutzen, die ökonomische Struktur Güllens durch Aufkauf der Werke und Rohstoffvorkommen zu verbessern und damit einen Gewinn zu erzielen. Claire Zachanassian enthüllt nun, dass sie in den zurück-

3.2 Inhaltsangabe

liegenden Jahren bereits alles durch Mittelsmänner erworben und den Ruin der Stadt bewusst betrieben habe. Jetzt sei Güllen in der Situation, ihre Bedingungen erfüllen zu müssen.

Die Presse trifft ein

Presseleute tauchen auf und fragen nach der Verbindung zwischen Ill, Claire Zachanassian und Ills Frau; die Vorgeschichte wird dahingehend umgedeutet, dass Claire verzichtet habe, damit Ill aus Liebe seine jetzige Frau heiraten könne. Der Lehrer, zusehends betrunkener, kündigt an, gegenüber der Presse die Wahrheit sagen zu wollen, doch Ill, der sein Zimmer verlassen hat, fordert ihn auf zu schweigen. Der Lehrer bekennt, dass auch er das Gefühl habe, zum Mörder zu werden, und spricht offen aus, dass die Güllener Ill töten wollen. Mit einer weiteren Flasche Schnaps, die er anschreiben lässt, geht der Lehrer aus dem Laden.

Ill begegnet der Presse

Ein Angebot an Ill und ein letztes Gespräch

Der Bürgermeister erscheint. Er will Ill dazu überreden, sich selbst zu töten, doch Ill lehnt ab. Er sagt, das er sich dem Urteil der Güllener unterwerfen werde, die Güllener selbst ihn aber richten müssten. Er werde nicht protestieren und sich wehren, wenn sie ihn töten.

Ill wehrt sich nicht

Es kommt zu einem letzten Gespräch zwischen Ill und Claire Zachanassian im Konradsweilerwald. Noch einmal rufen sie sich die alten Zeiten in Erinnerung; Ill fragt nach dem Schicksal des gemeinsamen Kindes und äußert, dass er heute sein sinnloses Leben beenden werde. Claire erinnert ihn noch einmal an seinen Verrat und offenbart ihm, dass sie den Traum von der gemeinsamen Liebe nie vergessen habe und diesen Traum wieder errichten wolle, indem sie ihn töten lasse, um dann seine Leiche in einem für ihn gebauten Mausoleum auf Capri aufzubahren.

Ill erkennt seine Schuld

3.2 Inhaltsangabe

Die Gemeindeversammlung

Mord im Namen der Gerechtigkeit

Der Bürgermeister heißt bei der Versammlung im Theatersaal die Gemeinde willkommen und benennt als Tagesordnungspunkt das Milliardengeschenk der Claire Zachanassian. In einer Rede trägt der Lehrer nun vor, warum es die moralische Pflicht der Güllener ist, die Bedingungen der Claire Zachanassian für die Stiftung anzunehmen. Der Lehrer beruft sich auf Werte wie Freiheit, Gerechtigkeit, Humanität und Nächstenliebe. Die Versammlung reagiert mit tosendem Beifall. Ill wird vom Bürgermeister gefragt, ob er die Bedingungen für die Stiftung akzeptiere. Ill antwortet mit „Ja".

Der Mord

Es kommt zu einem liturgischen Wechselgespräch zwischen dem Bürgermeister und der Gemeinde, in dem noch einmal von Freiheit, Gerechtigkeitsliebe und Gewissensnot die Rede ist und an dessen Ende Ill ein „Mein Gott" ausruft. Die Abstimmung, bei der alle Güllener die Hände heben, soll wiederholt werden, weil die Beleuchtung der Kameras ausgefallen ist. Erneut kommt es zum Wechselgespräch zwischen dem Bürgermeister und der Gemeinde, erneut erheben alle ihre Hände, aber jetzt bleibt Ill stumm. Die Presse wird aufgefordert, den Saal zu verlassen. Der Saal wird verdunkelt. Als es hell wird und die Presseleute den Saal erneut betreten, liegt Ill tot am Boden. Ill wird Claire Zachanassian auf einer Bahre gebracht; sie blickt in sein Gesicht und überreicht dem Bürgermeister den Scheck.

Der Schlusschor

Neuer Wohlstand

In einem Schlusschor sprechen die Güllener über den Schrecken der Armut, preisen ihren neuen Wohlstand und hoffen auf dessen Beständigkeit. Claire Zachanassian, Ill im Sarg bei sich führend, verlässt die Stadt.

3.3 Aufbau

Zeit, Ort, Kompositionsstruktur

Das Geschehen (der Zeitablauf auf der Ebene der Handlung) umgreift einen größeren Zeitraum, der nicht genau bestimmbar ist. Zwischen dem Beginn des I. Aktes und dem Ende des Stücks müssen mehrere Monate liegen, in denen das heruntergekommene Örtchen samt seinem „verwahrlosten" Bahnhof sich in die „blitzblanke" Stadt mit ihrem „renovierten" Bahnhof verwandelt hat. Der Fluss der Zeit wird aber nicht über exakte Zeitangaben, sondern über Veränderungen des Raums veranschaulicht; die Veränderungen des Raums wiederum gehen einher mit Veränderungen der Menschen (die Güllener werden Wohlstandsbürger). Die Zeit, die die Veränderung in Anspruch nimmt, ist bis zur Tötung

Raum und Zeit

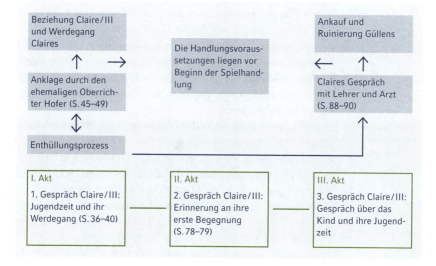

3.3 Aufbau

Ills auch eine Zeit des „Wartens" (Claire Zachanassian: *Ich warte*). Claire Zachanassian hat Zeit; einzelne Tage spielen keine Rolle, werden aber durch die Wiederholung von Ritualen bzw. den Verweis auf sie diffus angesprochen (Ill: Kränze/Der Sohn: Jeden Morgen bringen sie die vom Bahnhof).

Über die **Figurenrede** wird in Form von **Erzählung** und **Erinnerung** die Vorgeschichte des Spielgeschehens zeitlich greifbar. Sie führt uns an den Anfang des 20. Jahrhunderts zurück.

Handlungsort Güllen: ein sprechender Name

Handlungsort ist GÜLLEN, ganz offensichtlich in der Schweiz – zwischen Kaffigen und Kalberstadt – (vgl. S. 14) gelegen, was aber letztlich ohne Belang ist. An die Schweiz gebunden ist der Ort lediglich durch seinen Namen, denn Gülle ist nichts anderes als der schweizerische Ausdruck für Jauche. Ein sprechender Name also, der das *materielle Elend*, das zu Beginn des Stückes herrscht, zum Ausdruck bringt. Dürrenmatt schreibt in den „Randnotizen" für das Programmheft der Uraufführung über Güllen und seine Bürger: „Der Name der Stadt soll auf Begehren der stimmfähigen Bürger in Gülden umgewandelt werden." (S. 139) Zu Wohlstand gekommen, wollen sie also Gülle (Jauche) umwandeln in Gülden (Golden), was den materiellen Wohlstand zum Ausdruck bringt, den *moralischen Verfall* in der Namensgebung zugleich kaschierend überglänzt.

Ort als „Modell" und Symbolraum

Güllen muss nicht als realer Ort, sondern als **Modell** gesehen werden, ähnlich dem Ort *Andorra* in Frischs gleichnamigem Drama. Gerade weil Güllen im geografischen Abseits liegt, im Nirgendwo fern der Metropolen und einer scheinbar idyllischen Landschaft, eignet es sich als Modell für eine Entwicklung, in der Modernismus, neue Architektur, Wohlstand und Aufschwung einhergehen mit moralischem Verfall, der Umkehrung sittlicher Werte (Mord wird als Gerechtigkeit gehandelt) und Bigotterie. Der Handlungsort wird somit zum Symbolraum einer Entwicklung, die

3.3 Aufbau

Dürrenmatt – mit beißendem Sarkasmus – als „Welt-Happy-End" bezeichnet (S. 132).

Nicht ohne Grund beginnt und endet das Stück am Bahnhof. Der Bahnhof (verlottert am Anfang/renoviert am Ende) stellt die Verbindung zur Welt her. Bahnhöfe, architektonisch gesehen sind sie die Kathedralen des 20. Jahrhunderts, haben eine metaphorische Qualität. Sie lassen uns ankommen und abreisen, sie sind Drehscheiben und Durchgangsstationen des Transitorischen, das das moderne Leben kennzeichnet. Und am Bahnhof des Ortes Güllen, den gepackten Koffer schon in der Hand, begreift Ill seine Lage, obwohl (besser: gerade weil) kein Güllener ihn **offen** bedroht, sondern er zum Einsteigen aufgefordert wird (vgl. S. 84).

Der Bahnhof

Im Zusammenhang mit der metaphorischen Qualität von Handlungsorten muss auch auf den „Goldenen Apostel" verwiesen werden, in dem Claire Zachanassian residiert. Dieser Name ist mehrfach kodiert. Apostel sind die Jünger Jesu und somit die Verkünder der Versöhnungsbotschaft des Neuen Testaments. Diese Versöhnungsbotschaft wird aber durch Claire Zachanassian zurückgenommen, denn sie erinnert eher an den (oft) zornigen und strafenden Gott des Alten Testamentes. Zugleich aber ist es der milliardenschwere Ort, von dem aus sich das verlotterte Güllen zum renovierten Gülden (Golden) entwickeln wird. Der Name des Hotels umfasst somit kontrastiv den moralischen Verfall und die damit einhergehende wirtschaftliche Hochkonjunktur.

Der „Goldene Apostel": Mehrfachkodierung

Claire Zachanassian wird nicht in einem Zimmer des Hotels gezeigt (Innenraum), sondern auf dem Balkon des Hotels (II. Akt). Sie ist dadurch öffentlich präsent, blickt von oben auf das parallele Geschehen in Ills Krämerladen und hält auf dem Balkon Hof. Das Gefälle von oben nach unten (Balkon/Krämerladen) spiegelt die Machtverhältnisse wider; während Claire Zachanassian in Ruhe abwartet, werden die Güllener zu Konsumenten auf Pump,

Balkon und Balkonszene

3.3 Aufbau

oder – anders gesagt – tanzen sie um das Goldene Kalb. Dass Dürrenmatt hier, so ganz nebenbei, die berühmteste Balkonszene der Weltliteratur parodistisch verfremdet, sei nur am Rande erwähnt: seine „Julia" ist aus Prothesen zusammengesetzt, sein „Romeo" ist ein schmieriger Krämer, bei ihrer letzten Begegnung rauchen sie Zigaretten der Marke „Romeo et Juliette" (vgl. S. 114).

Theatersaal

Im Hotel findet auch jene Versammlung statt, in der die Güllener über den Tod Ills abstimmen und ihn ermorden. Der Ort ist der Theatersaal des Gasthofes. Und tatsächlich spielen die Güllener – vor den Augen der Weltöffentlichkeit – Theater; die Gemeinde inszeniert eine Schmierenkomödie, deren Ausgang (die Tötung eines Menschen) umgedeutet wird („Tod aus Freude", S. 130). Die Versammlung hält sich an die Rituale der Gemeindeversammlungen (schweizerisch „Landsgemeinden") in der Tradition der oft gerühmten „direkten Demokratie" Schweizer Kantone, macht aber aus der demokratischen Abstimmung eine Farce, weil das Ergebnis der Versammlung von vornherein feststeht (vielleicht auch ein Seitenhieb Dürrenmatts auf die politische Wirklichkeit seiner Heimat). Die In-

Inszenierung wird als Inszenierung deutlich

szenierung wird als Inszenierung auf groteske Weise transparent gemacht, als die Abstimmung wiederholt werden muss, weil eine Kamera gestreikt hat (vgl. S. 125). Diese Versammlung ist ein Spiel im Spiel, Theater im Theater, und steht im Kontext des Bühnenraums, der insgesamt desillusionierend gestaltet ist (Umbauten bei

Die Bühne als Mittel der Desillusionierung

offenem Vorhang). Diese Desillusionierungsstrategie findet ihren sinnfälligsten Ausdruck darin, dass Naturelemente (Wald, Vögel etc.) durch Figuren simuliert werden – deutliche Anleihen bei Mitteln der Verfremdung des „nicht-aristotelischen Theaters" von Bertolt Brecht oder des absurden Theaters sind unverkennbar. Es geht nicht um Einfühlung, sondern um kritische Distanz.

Komposition

Ist der Bühnenraum „nicht-aristotelisch" angelegt, so rollt die Handlung auf der Ebene der Kompositionsstruktur nach klassi-

3.3 Aufbau

schem Muster ab und enthält Exposition, Peripetie und Katastrophe. Der I. Akt erfüllt die Funktion einer **Exposition** (Einführung in die Situation, Hauptfiguren), wobei einige Handlungsvoraussetzungen erst später ins Stück geholt werden.[14] Ans Ende des I. Aktes ist das **erregende (steigernde) Moment** gelegt, das Angebot Claire Zachanassians (Reaktion der Gülluer zunächst: Totenstille, vgl. S. 45) und seine Zurückweisung durch den Bürgermeister.

Das Spannungsmoment der steigenden Handlung im I. Akt kommt durch den letzten Satz zum Tragen, als Claire Zachanassian sagt: „Ich warte." (S. 50) Im Verlaufe des II. Aktes wird deutlich, dass die Ablehnung des Angebotes immer brüchiger wird: Die Güllener werden zu Konsumenten auf Pump, Claire Zachanassian wartet, Ill fühlt sich zusehends isoliert, seine Furcht wächst. Sein Tod wird symbolisch vorweggenommen (Tötung des Panthers). Auf die Szene, in der Ill Claire Zachanassian mit dem Gewehr bedroht und die damit endet, dass sie ins Zimmer geht, um „eine Milliarde (zu) transferieren" (S. 79), folgt an der Schnittstelle zwischen dem II. und III. Akt die **Peripetie** (das Umschlagen, die Wendung) mit dem Einsetzen der fallenden Handlung. Ill steigt nicht in den Zug und erkennt (letzter Satz des II. Aktes): „**Ich bin verloren.**" (S. 85) Ills Gefühl erweist sich als richtig, denn zu Beginn des III. Aktes scheitert der (zaghafte) Vermittlungsversuch des Lehrers und des Arztes; Claire Zachanassian enthüllt ihren Plan (Aufkauf und Ruinierung des Ortes).

Ill nimmt seine Schuld an, will nicht mehr um sein Leben kämpfen (vgl. S. 102), lehnt die Aufforderung zum Selbstmord ab und

Exposition und erregendes Moment

Peripetie

---

[14] Die Schilderung der Situation Güllens in den ersten Szenen weist Parallelen zur Situation Thebens in *König Ödipus* auf; die Klagen der Bürger haben ihre Entsprechung im Klagelied des Chores beim Einzug (Parodos).

3.3 Aufbau

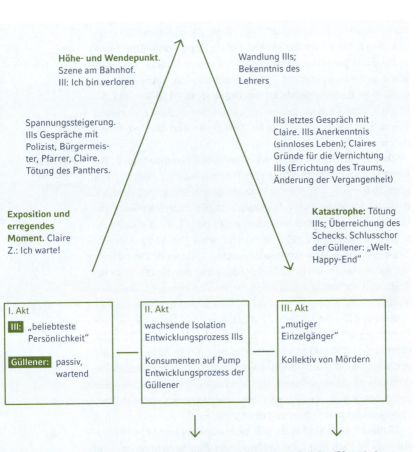

3.3 Aufbau

verliert seine Furcht (vgl. S.108 f.), nimmt Abschied von der Familie (vgl. S. 112). Das Stück läuft nun auf die **Katastrophe** zu, wobei der Szene zwischen Ill und Claire im Konradsweilerwald (vgl. S. 113–118) die Funktion eines **retardierenden Moments** zukommt (die Katastrophe wird hinaus gezögert). Ill wird getötet, der Bürgermeister meldet Vollzug, Claire Zachanassians letzter Satz lautet: „**Der Check.**" (S. 131)

Retardierendes Moment und Katastrophe

Die drei (im Fettdruck hervorgehobenen) Sätze markieren, jeweils ans Ende eines Aktes gesetzt, den Spannungsbogen des Dramas in Kurzform.

Spannungsbogen

Zum inneren Aufbau des Dramas: Kontraste, Paradoxien, groteske Elemente, Motive, Symbole, Requisiten und Themen

Im Zusammenhang mit der Kompositionsstruktur des Dramas, seiner formalen Gliederung in Akte sowie der Funktion, die sie im Gesamtgefüge erfüllen, sind die Gestaltungsmittel zu betrachten, derer sich Dürrenmatt für den inneren Aufbau des Dramas bedient und die aus Platzgründen lediglich anhand weniger Beispiele erläutert werden sollen.

Gestaltungsmittel

Zum Arsenal seiner dramaturgischen Technik gehört der **Aufbau von Kontrasten** auf verschiedenen Ebenen. Einen Kontrast bildet der verlotterte Bahnhof am Anfang zum renovierten Bahnhof am Ende. Das Schmuddelige dieses Ortes am Beginn steht dem Blitzblanken gegenüber. Die Bürger sind zunächst „schäbig gekleidet" (S. 16), am Schluss sind sie herausgeputzt (Abendkleider und Fräcke, vgl. S. 132). Ein Kontrast besteht zwischen dem eigentlichen Auftrag der Presse (Öffentlichkeit herstellen und Wahrheit verbreiten) und der Funktion, die sie für die Güllener einnimmt (Verschleiern der Wahrheit). Einen Kontrast bilden die vom Lehrer auf der Gemeindeversammlung deklamatorisch in Anspruch ge-

Kontraste

3.3 Aufbau

nommenen Werte und Ideale des Abendlandes (vgl. S. 121) und das tatsächliche Verhalten der Güllener.

Paradoxien

Wie in anderen Stücken Dürrenmatts, so lassen sich auch in *Der Besuch der alten Dame* **Paradoxien** finden, also **scheinbar** widersinnige Aussagen oder Verhaltensweisen und Handlungen der Figuren, die aber auf eine höhere Wahrheit hinweisen. Dass ein Milliardär, der alte Zachanassian, sich ausgerechnet in die 17-jährige Hure Klara verliebt, weil den „goldenen Maikäfer ihre roten Haare" anlocken (vgl. S. 37), mag paradox erscheinen. Paradox ist es ebenfalls, dass die Züge, die an Güllen vorbeirauschen, exakt die Zeit einhalten, kein Güllener aber mehr im Besitz einer Uhr ist (vgl. S. 18). Paradox (hart an der Grenze zum kalauernden Wortspiel allerdings) ist der Umstand, dass die ehemalige Klassenka-

Antonia Dietrich als Claire Zachanassian in einer Inszenierung am Staatsschauspiel Dresden 1962/1963
© Cinetext/Henschel Theater-Archiv

3.3 Aufbau

meradin von Alfred Ill und Klara Wäscher und „Klassenerste" ausgerechnet „Annettchen Dummermuth" heißt (S. 41). Solche Paradoxien sind mehr als spielerische Einfälle des Autors Dürrenmatt, der durch die Schule des Kabaretts gegangen ist. Sie erschüttern unseren Glauben an Logik und Vernunft und zeigen uns die Welt als eine Welt von Irrationalitäten. In engem Zusammenhang damit sind die Elemente des **Grotesken** zu sehen.

Dürrenmatt selbst kennzeichnet Claire Zachanassian als groteske Gestalt („Dame von Welt, mit einer seltsamen Grazie, trotz allem Grotesken", S. 22). Claire Zachanassian, die unsterblich zu sein scheint (einen Autounfall und einen Flugzeugabsturz hat sie überlebt), kommt als wandelndes Ersatzteillager daher, fast nur noch, wie sie selbst sagt, aus Prothesen bestehend. Daraus abgeleitet ergibt sich manche groteske Situation, so etwa wenn Ill Claire auf den Schenkel schlägt, seine Hand schmerzhaft zurückzieht und die Erklärung bekommt: „Du hast auf ein Scharnier meiner Prothese geschlagen." (S. 39) Grotesk ist die Simulation von Natur durch Güllener Bürger, die sich in Bäume verwandeln, grotesk ist das Gefolge der Zachanassian schon in der Namensgebung (Toby, Roby, Koby, Loby) und in der Kennzeichnung als „Kaugummi kauende Monstren" und „blinde Eunuchen", grotesk ist die Aufforderung Claires an Gatte VII, fester nachzudenken (vgl. S. 27), und grotesk ist die Wiederholung der Abstimmung, weil eine Kamera ausgefallen ist. Im Grotesken, das Gegensätze und Unvereinbares vereinigt (Komisches und Grausames, Heiteres und Bedrohliches, Närrisches und Sinnhaftes), offenbart sich ein Blick auf die Welt, der uns ihre Unordnung zeigt, der uns das Unfassbare erfassen lässt und uns dadurch verunsichern kann und verunsichern soll. Die Paradoxien und grotesken Elemente in Dürrenmatts „tragischer Komödie" sind deshalb mehr als Theatermittel, die uns zum Lachen bringen sollen. Sie tragen in der

Elemente des Grotesken

Toby, Roby, Koby, Loby

Die Unordnung der Welt

3.3 Aufbau

Dramaturgie auch dazu bei, uns der „Wirklichkeit auszusetzen", indem sie zu einer (vielleicht) heilsamen Verunsicherung führen.[15]

Motive

Als weiteres wesentliches Gestaltungsmittel sind **Motive** zu nennen, die teilweise zu **Motivkomplexen** verklammert sind. In Motiven wird ein Thema (ein Stoff) sinnfällig veranschaulicht. Motive greifen Grunderfahrungen und als bedeutsam empfundene Situationen des Lebens auf. Zu diesen literarischen Grundelementen in *Der Besuch der alten Dame* sind u. a. zu zählen:

Todesmotiv

Das Todesmotiv → Bereits der Sarg, den Claire Zachanassian mit sich führt, spielt darauf an; die Bonmots Claires nennt Ill „zum Totlachen" (S. 41), der Turner wird von Claire Zachanassian gefragt, ob er schon einmal jemanden erwürgt habe (vgl. S. 41), und der Arzt muss sich fragen lassen, ob er Totenscheine ausstelle (vgl. S. 30). Als Claire Zachanassian ihre Bedingung stellt, herrscht „Totenstille" (S. 45 und S. 49). Passend zum Sarg werden Kränze und Blumen („wie zu einer Beerdigung", S. 51) über die Bühne getragen.

Konsummotiv

Das Konsummotiv → Die Bürger Güllens werden zu Konsumenten; sie kaufen – eine Steigerung ist unverkennbar – Lebensmittel (Milch etwa), vermehrt Genussmittel (Tabak, Alkohol), technisches Gerät und Luxusgüter (Waschmaschine, Fernseher, Autos), nehmen gehobene Dienstleistungen in Anspruch (Sprachkurse und Tennisunterricht). Besonders hervorzuheben ist die Kleidung, die zur Ver-Kleidung, zur Maskerade wird. Denn unter der Maske der

---

[15] Im „Punkt 21 zu den Physikern" heißt es: „Die Dramatik kann den Zuschauer überlisten, sich der Wirklichkeit auszusetzen, aber nicht zwingen, ihr standzuhalten oder sie gar zu bewältigen." (*Die Physiker*, S. 93)

3.3 Aufbau

Wohlanständigkeit, die die neuen Kleider zeichenhaft signalisieren, wächst dumpf-brodelnd die Bereitschaft zum Mord, weil der Konsum nur durch diesen Akt der Gewalt finanziert werden kann. Der *kollektive Prozess* der Ent-Menschlichung und Ent-Individualisierung findet seinen Ausdruck in den *gelben Schuhen*, die die Güllener nach und nach alle tragen; was an der Oberfläche (unterschiedliche Kleidung) als Differenzierung erscheint, wird durch die gleichen gelben Schuhe in seiner Scheinhaftigkeit entlarvt. Das sich zum Falschen hin verändernde Bewusstsein der Güllener wird durch das Symbol der Schuhe sozusagen vom Kopf auf die Füße gestellt. Die Schuhe stehen zeichenhaft für das schleichende Gift (gelb) der Korruption und Korrumpierbarkeit der Güllener und machen die von ihnen gegenüber Ill ins Feld geführten Gründe für den Konsum als das sichtbar, was sie sind: Phrasen, Ausflüchte, Lügen.

Zeichencharakter der gelben Schuhe

Das Liebesmotiv → Es taucht im Kontext von Erinnerung, Verrat und Entfremdung auf und ist an die beiden Hauptfiguren gebunden und zumeist ins Groteske getrieben; in allen drei Akten gibt es eine Szene mit Ill und Claire, in der die Sprache auf ihre einstige Liebe kommt. So im I. Akt, wenn sie sich ihre Kosenamen in Erinnerung rufen, im II. Akt, wenn Claire eine Episode aus ihrer gemeinsamen Vergangenheit erzählt, und natürlich im III. Akt, beim letzten Gespräch. Aber diese Erinnerungen sind überschattet vom Verrat Ills an Claire und vom Scheitern der Liebe, die Ill wegen schnöder materieller Vorteile aufgegeben hat. Liebe existiert nur als Entfremdung – und zwar als Entfremdung von sich selbst und dem anderen. Claire Zachanassians Verschleiß an Männern (eine Umkehrung der in den 1950er Jahren typischen Rollenmuster) ist nichts anderes als ein Ausdruck dieser Entfremdung. Für Claire sind diese Männer Spielzeug, austauschbare Teile ihres Inventars,

Liebesmotiv

Liebe als Entfremdung

3.3 Aufbau

Gebrauchsgegenstände, Dekoration – nicht aber Partner in einer Liebesbeziehung, weil sie selbst liebesunfähig (geworden) ist. Ills Zweckgemeinschaft mit seiner Familie ist nichts anderes als die Kehrseite dieser Medaille.

Symbole

Symbole → zumeist Dinge oder Lebewesen, sind Elemente bildhaften Sprechens; sie versinnbildlichen etwas Allgemeines und entfalten im konkreten Zusammenhang ein komplexes Bedeutungsgefüge.

Schwarzer Panther

An erster Stelle ist der **schwarze Panther** zu nennen, den Claire Zachanassian mit sich führt. Er symbolisiert, ganz allgemein, Kraft, Stärke, Eleganz und – auf der Ebene der Beziehung zwischen Ill und Claire in ihrer Jugendzeit – wohl auch den Sexualtrieb, dem sie in der Natur freien Lauf gelassen haben (vgl. z. B. Ills Äußerungen auf S. 39). „Schwarzer Panther" ist der Kosename, den Claire Ill einst gab, wohl weil er stark und mutig war und um sie wie ein Panther gegen einen Rivalen gekämpft hat (vgl. S. 117). Der Panther der Zachanassian steckt im Käfig, wie Ill jetzt Gefangener seines Spießerlebens ist (er ist fett, grau und versoffen geworden, S. 26). Der Ausbruchsversuch des Tieres scheitert, wie auch Ills Ausbruchsversuch am Bahnhof scheitert. Als die Jagd auf den Panther beginnt, ist Ill schon längst, bildlich gesprochen, zum Abschuss freigegeben. Der schwarze Panther wird vor dem Laden Ills erschossen, der Tod des Tieres symbolisiert in der Vorwegnahme den späteren Tod Ills, der aber nach seinem Tod für Claire wieder der „schwarze Panther" ist (vgl. S. 131). Zugleich steht der Panther symbolisch aber auch dafür, dass in der Welt des Technischen und Modernen kein Raum mehr ist für Natur und Ursprünglichkeit. Natur (der Panther) ist nur noch als zoologische Rarität in Gefangenschaft denkbar. Das einzige „natürliche" Wesen wird ausgelöscht, ansonsten existiert Natur (Wald, Bäume, Vögel) nur noch

Jagd auf den Panther

3.3 Aufbau

als „künstliche" Natur, als Simulation (von den Güllenern dargestellt).

Dass Claire Zachanassian **Zigarren** raucht, hat ebenfalls symbolische Funktion, nicht nur, weil der Zigarre überhaupt eine Funktion als Phallussymbol zugesprochen werden kann, sondern weil Claires Zigarren Männernamen tragen: Henry Clay, Winston. Wie sie ihre Ehemänner wechselt (sie ausprobiert), so probiert sie auch die Zigarrenmarken aus. Wie sich die Zigarren nach kurzer Zeit in Rauch aufgelöst haben, so verschwinden auch die Ehemänner im Nichts der Bedeutungslosigkeit. Sie werden lediglich verbraucht, nicht aber gebraucht. In Rauch aufgelöst hat sich auch die Liebe zwischen Claire und Ill. Darüber kann auch nicht hinwegtäuschen, dass sie, wie einst in ihrer Jugendzeit, bei ihrer letzten Begegnung noch einmal Zigaretten rauchen, die „Romeo et Juliette" heißen.

Zigarren

Ein weiteres Symbol stellt die **Glocke** dar (bzw. der von ihr erzeugte Ton). Die „Feuerglocke" („Die ist noch nicht versetzt.", S. 16) läutet, so als ob Gefahr im Verzuge wäre, während die Güllener am Bahnhof auf Claire Zachanassian warten. Und tatsächlich ist ja Gefahr im Verzuge, nur die Güllener (besonders Ill) wissen es noch nicht. Zur Feuerglocke kommt (im II. Akt) eine weitere Glocke hinzu, vom Pfarrer angeschafft und in ihrer Bedeutung als „Glocke des Verrats" benannt (S. 76). Dieser Glockenton signalisiert nicht nur den Verrat an Ill; er läutet die neue Zeit ein, die in Güllen begonnen hat, und ist zugleich ein akustisches Menetekel für eine Gemeinde, die von Gott verlassen ist („Der hat uns vergessen", sagt der Maler zu Beginn; S. 18), weil sie den Glauben längst aufgegeben hat. Als Ill im Sarg hinausgetragen wird und der Milliarden-Scheck den Besitzer wechselt (vgl. S. 131), läutet deshalb die Glocke nicht.

Glocke und Glockenklang

Die Glocke signalisiert den Verrat

Auf weitere Elemente mit symbolischer Bedeutung soll hier nur hingewiesen werden (auf eine Erläuterung wird aus Platzgründen verzichtet):

3.3 Aufbau

Weitere Symbole
- der Wechsel von Licht- und Wetterverhältnissen;
- das Fehlen von Uhren;
- die symbolische Funktion von Plakaten (etwa am Bahnhof);
- die symbolische Funktion von Farben (Claires rotes Haar, ihr roter Unterrock, der schwarze Sarg, der schwarze Panther, Claires goldener Humor, das blaue Meer);
- die Namen der Züge („Rasender Roland", „Gudrun", dann aber auch „Börsianer" und „Diplomat")
- die Türklingel/Glocke in Ills Laden.

Requisiten und ihre Zeichenfunktion

Auf der Bühne tauchen Gegenstände (Requisiten) auf, von denen einige in anderen Zusammenhängen bereits erwähnt worden sind: Lebens- und Genussmittel, technische Geräte, Kränze und Blumen, ein Sarg, Kleidung. Etliche weitere könnten genannt werden, so z. B. die Kisten und Kästen Claire Zachanassians und die Ausrüstungen ihrer Begleiter (etwa die Anglerausrüstung). Hervorgehoben werden sollen hier aber nur die Gewehre, mit denen sich die Güllener ausstatten, und das Schlachtbeil, das „Der Erste" in Ills Laden ersteht (vgl. S. 92). Sie stehen in engem Zusammenhang mit dem Todesmotiv und bauen eine Kulisse der Bedrohung auf, der Ill ausgesetzt ist. Über diese konkrete Bedeutung hinaus haben sie, wie die Requisiten überhaupt, eine generelle Zeichenfunktion, über die Werner Frizen schreibt:

Entfremdung der Figuren

> „Die entstofflichte Bühne lässt den wenigen verbleibenden Requisiten besonderes Gewicht als Bedeutungsträger zukommen. Sie fungieren als Zeichen der Entfremdung der Figuren, die mit ihnen umgehen. Das Ding wird selbst zum Handlungsträger, weil die Handelnden verdinglicht sind."[16]

---

[16] Frizen, S. 68

3.3 Aufbau

Die Requisiten, Symbole, Motive und Motivstränge entfalten ein Verweisungsgeflecht, bauen ein System komplexer Bezüge auf, in deren Mitte die **Themen** des Stücks stehen, die ihrerseits miteinander verflochten sind. Als große Themenkreise sind zu nennen: Der Themenkreis „Recht-Gerechtigkeit-Rache", das Thema „Scheitern der humanistischen Bildung und der demokratischen Werte" und das Thema „Glauben und Glaubensverlust".[17]

Themen

Das Thema „Gerechtigkeit" wird durch Ill eingeführt, wenn er zu anderen Wartenden auf dem Bahnhof sagt: „Klara liebte die Gerechtigkeit." (S. 19) Und an den **Begriff Gerechtigkeit** knüpft Claire Zachanassian auch ihre Milliarde: „Ich gebe euch eine Milliarde und kaufe mir dafür die Gerechtigkeit." (S. 45) Auf den Einwand des Bürgermeisters, Gerechtigkeit könne man nicht kaufen, kontert Claire Zachanassian lapidar: „Man kann alles kaufen." (ebenda) Relativ schnell wird deutlich, dass Claire Zachanassian Recht hat: Wie für die Güllener plötzlich wieder **alles käuflich ist** (käuflich zu erwerben, wenn auch auf Kredit), so stellt sich bald heraus, dass auch sie **alle käuflich sind.** Es geht also überhaupt nicht um Gerechtigkeit, wobei dann eher von Recht zu sprechen wäre oder von Rechtssicherheit. Ill wird ja noch nicht einmal wirklich der Prozess gemacht, sondern **mit ihm wird (kurzer) Prozess gemacht.**[18]

Gerechtigkeit

„Die Güllener reagieren nicht auf die einstige Untat Ills, sondern auf das Angebot der Claire. Sie handeln nur, um die von

Prozess als Farce

---

[17] Aspekte dieser Themen sind bereits in anderen Zusammenhängen, z. B. im Zusammenhang mit den Figuren, dem Ort und der Zeit, behandelt worden, so dass hier nur eine Abhandlung in kompakter Form und mit der Absicht der Bündelung erfolgt. Als weiterer Themenkreis könnten „Kapitalismus und Kapitalismuskritik" benannt werden. In der Literaturwissenschaft und Literaturkritik der ehemaligen DDR hat diese Thematik im Zusammenhang mit dem Stück natürlich besondere Beachtung erfahren. Facetten dieses Themas werden am Rande mit behandelt.
[18] Die „Gerichtsverhandlung" im I. Akt (S. 45 ff.), geführt vom ehemaligen Oberrichter Hofer und jetzigen Butler der Zachanassian, ist nichts anderes als eine Farce auf einen Gerichtsprozess, wenngleich Ill sich auf der Ebene juristischer Argumentation bewegt, indem er auf die Anschuldigungen vorbringt, alles sei längst verjährt (vgl. S. 48).

3.3 Aufbau

ihr gestellte Bedingung zu erfüllen. Man kann sagen: Sie erbringen die Tötung Ills wie in einem Werkvertrag."[19]

Rache

Der Begriff der Rache ist eher angebracht – doch selbst diese Rache ist ins Groteske übersteigert, denn um sie ins Werk zu setzen, wird zunächst ein ganzes Dorf ruiniert, um es dadurch „käuflich" zu machen. Ein Killer hätte den Fall preiswerter gelöst! Viel zu viel Aufwand, so scheint es, für einen einzigen Mann. Aber eben für **den** einzigen Mann, auf den es Claire offensichtlich ankommt und immer angekommen ist. Lässt man also die juristische (straf- oder zivilrechtliche) Seite, kurz: Gesetzbücher und Paragraphen, unberücksichtigt, dann bleibt die zwischenmenschliche Seite, die Wiederherstellung einer Ordnung, wenn auch erkauft durch den Tod. Ill erkennt diesen Aspekt wohl, wenn er sagt: „**Für mich ist es die Gerechtigkeit**, was es für euch ist, weiß ich nicht." (S. 109, Hervorhebung nicht im Original) Damit ist nicht Gerechtigkeit im juristischen Sinne gemeint (die nach mehr als 45 Jahren auch gar nicht mehr hergestellt werden könnte), sondern Ills Anerkenntnis der persönlichen Schuld und die Einsicht, dass er verantwortlich ist für die in Claire zerbrochene Liebe. Diese Liebe kann nicht wirklich wiederhergestellt werden, auch nicht durch seine Opfertat. Sie ist nur noch in ritueller Form möglich, aber immerhin in dieser: Alle anderen (Ehe-)Männer schickt Claire, schon kurz nach der Hochzeit, wieder weg, tauscht sie aus. Ihn nimmt sie mit, wenn auch als Leiche, sozusagen konserviert für die Ewigkeit im Mausoleum. („Dort wirst du bleiben. Bei mir."; S. 118)

Keine Gerechtigkeit im juristischen Sinne

Verfall demokratischer Normen und Instanzen

Rechtssicherheit und Recht gehören zu den Säulen einer demokratisch verfassten und zivilen Gemeinde und Gesellschaft. Ebenso Pressefreiheit und parlamentarisch-demokratische Institutionen.

---

19 Schmidhäuser, S. 201

3.3 Aufbau

Die Versammlung im Theatersaal des Hotels erschöpft sich jedoch in leeren Ritualen (Tagesordnung, Hochheben der Hände zur Abstimmung), stellt das Verfahren einer demokratischen Entscheidung auf den Kopf. Die Anwesenden sind nicht mehr frei in ihrer Entscheidung, sie haben sich längst entschieden. Und die Presse deckt nicht Wahrheit auf, sondern verschleiert sie, trägt zur Errichtung einer Scheinwelt bei, die allerdings für Wirklichkeit genommen wird. Da bei der Versammlung ein Gerichtsprozess lediglich simuliert und theatralisch inszeniert wird, handelt es sich um einen reinen **Schauprozess,** von der Struktur und Verfahrensweise (nicht vom Vokabular her) mit Anklängen an Prozesse dieser Art zur Zeit des Nationalsozialismus oder Stalinismus.

Leere Rituale

Die Schwungkraft des ökonomischen Rades, das in Güllen nach dem Angebot Claire Zachanassians ins Rollen gekommen ist, ist von solcher Wucht, dass darunter nicht nur die demokratischen Institutionen (Justiz, Parlament, Presse) zermalmt werden, sondern sämtliche humanistischen Ideale. Auf (im wirklichen Sinne des Wortes) brutalste Weise scheint der Satz von Marx bestätigt zu werden: „Das Sein bestimmt das Bewusstsein" oder seine prägnante Verkürzung durch Brecht: „Erst kommt das Fressen, dann die Moral." Die humanistischen Werte, die Werte des Abendlandes, die Bildungsgüter und die Berufung auf die Antike werden von den Güllenern für die Gemeinde reklamiert; vor allem der Lehrer und der Bürgermeister tragen die Begriffe und die Verweise auf diese Tradition wie eine Monstranz vor sich her. Aber die humanen Ideale werden abgelegt, wie die Güllener ihre alten Kleider ablegen und durch neue ersetzen. Die Berufung darauf folgt nur noch funktionalen Gesichtspunkten. Im Gespräch mit Ill verweist der Bürgermeister auf die kulturellen Werte, um Ill in Sicherheit zu wiegen: „Sie vergessen, daß Sie sich in Güllen befinden. In einer Stadt mit humanistischer Tradition. Goethe hat hier übernachtet.

Verlust humanistischer Ideale und Werte

Pervertierung der Ideale

„Goethe hat hier übernachtet."

3.3 Aufbau

Brahms ein Quartett komponiert. Diese Werte verpflichten." (S. 69) Bei der Versammlung im Theatersaal werden sie – als Gipfel der Pervertierung – ins Feld geführt, um den Mord an Ill zu rechtfertigen, wenn der Lehrer sich hier auf die „Ideale ... , die den Wert unseres Abendlandes ausmachen" beruft (S. 121) und der Bürgermeister von den „heiligsten Gütern" (S. 125) spricht. Heilig sind den Güllenern nur noch ihre Konsumgüter, und verpflichtet ist man in Güllen nur noch dem Wert des Geldes. Die humanistische Ethik ist längst ausverkauft.

Verlust und Versagen des Glaubens

Vor der Sogwirkung des Geldes versagt auch der christliche Glaube, der durch den Pfarrer repräsentiert und durch zahlreiche Verweise in den Text geholt wird (Hotel zum Goldenen Apostel, Plakat: Besucht die Passionsspiele in Oberammergau, das Münsterportal mit dem Jüngsten Gericht). Der Pfarrer sagt zu Ill im II. Akt: „Flieh, führe uns nicht in Versuchung, indem du bleibst."; S. 76). Die Güllener sind aber der Versuchung bereits erlegen, sie sind längst keine Christen mehr, sondern nur noch Käufer von Waren. Bevor sie am Ende gegen das Gebot „Du sollst nicht töten" verstoßen, haben sie bereits gegen ein anderes, nämlich das erste Gebot verstoßen: „Du sollst keine anderen Götter haben neben mir." Dieser andere Gott ist der Mammon, der auf die Bürger Güllens eine nahezu magisch-hypnotische Wirkung ausübt und sie in eine Art Kaufrausch versetzt. Gebete werden durch Kaufakte ersetzt, Glauben durch Geld, Gottesdienst durch Götzendienst. Die Menschen erliegen dem „Fetischcharakter der Ware"[20]. Für Gott ist in dieser Welt kein Platz mehr, er hat längst ausgedient – aus einem ganz einfachen Grund: Gott „zahlt nicht" (vgl. S. 18). Gott ist in der Güllener Welt nur noch in der Negation vorhanden,

Kaufakte als Götzendienste

---

20 Ein Begriff von Karl Marx; vgl. Marx: *Das Kapital. Kritik der politischen Ökonomie.* Band 1. Berlin: Dietz Verlag, 1969, S. 85 ff.

3.3 Aufbau

was aber zugleich bedeutet, dass der gottesferne Endzustand des Güllener Wohlstandsparadieses nichts anderes ist als eine luxuriöse Hölle.[21]

Aus der Behandlung der genannten Themen im Stück darf nun nicht die Schlussfolgerung gezogen werden, Dürrenmatt lehne humanistische Werte, Gerechtigkeit, demokratische Institutionen, klassische Ideale oder die christliche Religion in Bausch und Bogen ab. Ganz im Gegenteil. Dürrenmatt kritisiert vielmehr die Inanspruchnahme dieser Werte und Ideale als rhetorische Rechtfertigungsfiguren, er kritisiert ihren Missbrauch, ihre Aushöhlung und Pervertierung. Er zeigt den Gegensatz von Schein und Sein, von Ausdruck und wirklichem Inhalt – ohne allerdings Alternativen anbieten zu können oder zu wollen!

Kritik ohne Lösung?

Das Chorlied

Das „Chorlied" ist in mehrfacher Hinsicht von Bedeutung. Es steht am Schluss des Dramas. Wir sehen das Kollektiv der Güllener ein letztes Mal – wieder am Bahnhof wie zu Beginn. Aber wir sehen andere Güllener (innerlich und äußerlich verändert), wie wir ja auch einen anderen Bahnhof sehen. Ein letztes Mal sehen wir auch Claire Zachanassian, jetzt aber stumm, ohne Text, ein „altes Götzenbild aus Stein" und „unbeweglich" (S. 134). Ihr Abgang ist ruhig, nahezu verlangsamt, ganz anders als der dröhnend-dramatische Auftritt im I. Akt.

Das Chorlied als Schlusspunkt

Das „Chorlied" spiegelt – sozusagen in Kurzform – den ökonomischen Aufstieg der Güllener wider: Sind sie zunächst arm, so werden sie durch einen besonderen Umstand, nämlich das Milliardenangebot Claires, mit einem Auftragsmord verbunden, im Chorlied als „freundliches Geschick" bezeichnet, in die Lage versetzt,

Das Chorlied und die Entwicklung der Güllener

---

21 Vgl. Durzak, S. 98

3.3 Aufbau

ihre Armut zu überwinden. Konsum und Aufschwung sind die Folgen. Und wie die Figuren des Dramas im Laufe der Handlung den Preis für diese Entwicklung (den Mord an Ill) ausblenden, so ist auch in der schönen Warenwelt des Chorliedes davon nichts zu hören.

Lyrische Elemente

Mit dem Chorlied werden zugleich Elemente der Gattung Lyrik, die auch zuvor schon Verwendung im Drama gefunden haben, noch einmal in konzentrierter Form in das Stück integriert (chorisches Sprechen, Rhythmisierung, Vers, strophische Gliederung). Und das Chorlied setzt den Schlussakkord im Zusammenhang mit den vielfältigen Textverweisen, Anspielungen und Andeutungen auf das Theater und die Mythen der Antike: der Aufbau der Komödie in Anlehnung an das sophokleische Ödipus-Drama, die Bezeichnungen des Lehrers für Claire Zachanassian (Parze, griechische Schicksalsgöttin, Klotho, Lais, Heldin der Antike, Medea; vgl. S. 34, 90), der direkte Hinweis auf das Ödipus-Drama (S. 99) sowie die Bezüge zur antiken Philosophie, ebenfalls durch den Lehrer hergestellt („Denn ich bin ein Humanist, ein Freund der alten Griechen, ein Bewunderer Platos."; S. 99). Das Chorlied stellt einen weiteren und ganz direkten Bezug zum antiken Drama her, nämlich dem ersten „Standlied" des Chores aus dem Drama *Antigone* von Sophokles (496 bis 406/405 v. Chr.), dessen Eingangszeilen lauten:

Verweise auf die Antike und Bezug zu „Antigone"

> „Ungeheuer ist viel, doch nichts
> Ungeheurer als der Mensch.
> Durch die grauliche Meeresflut,
> Bei dem tobenden Sturm von Süd,
> Umtost von brechenden Wogen,
> So fährt er seinen Weg.
> Der Götter Ursprung, Mutter Erde,

3.3 Aufbau

> Schwindet, ermüdet nicht. Er mit den pflügenden,
> Schollenaufwerfenden Rossen die Jahre durch
> Müht sie ab, da feldbestellend."[22]

Schon ein Vergleich der ersten Zeilen macht die inhaltlichen Unterschiede (bei Beibehaltung der Form) deutlich: Sophokles zeigt den Menschen als Bezwinger der Elemente, der in die natürliche Ordnung eingreift, sich die Natur unterwirft und sie kultiviert, er ist „ungeheurer" als alles andere. Der Chor der Güllener führt als ungeheuerlichstes Element, noch über den Naturelementen und der Entfesselung der gewaltigen Kräfte der Atombombe, eine soziale Kategorie ein, die Armut. Dem tätig-schaffenden Menschen bei Sophokles wird ein dumpf-apathischer Mensch gegenübergestellt (Hilflosigkeit, Siechtum, Verrat).

Das Chorlied bei Sophokles und Dürrenmatt

Sophokles konkretisiert in der 2. Strophe anhand etlicher Beispiele, wie der Mensch die Natur zähmt (Jagd auf Vögel und Fische, Einsatz von Pferden und Stieren als Nutztiere). Dem steht bei Dürrenmatt das „freundliche Geschick" gegenüber (gemeint ist die „Schenkung" der Milliarde, abermals also eine Umdeutung der Wirklichkeit). Aus dieser „Gunst der Stunde" entspringen dann Tätigkeiten, die entweder banalen Charakters sind („Es steuert der Bursch den sportlichen Wagen") oder von Maßlosigkeit zeugen („Schätze auf Schätze türmt der emsige Industrielle/Rembrandt auf Rubens"), wobei die rhythmisiert-pathetische Sprache, wie im gesamten Chorlied, stets in deutlichem Kontrast zu den profanen Inhalten des Gesagten steht. Dadurch wird das, was die Güllener sagen, in seiner Hohlheit deutlich und als Anmaßung erkennbar.

Der Mensch beherrscht die Natur

Die dritte sophokleische Strophe thematisiert die kulturellen Leistungen des Menschen wie Sprache, Gesetze, Wohnungsbau,

---

[22] Sophokles: *Antigone*. Textausgabe mit Materialien. Stuttgart: Klett, 1994, S. 13

3.3 Aufbau

Aber: Götterrecht steht über Menschenrecht

Medizin, zeigt aber auch die Grenzen des Menschen auf: Vor dem Tod kann der Mensch nicht fliehen. In der vierten Strophe wird bei Sophokles die Doppelnatur des Menschen angesprochen: „Bald zum Bösen und wieder zum Guten treibt's ihn." (*Antigone*, Vers 367, S. 14) Und der Chor preist denjenigen als seinen Freund, der „Landesart und Götterrecht" achtet; wer aber aus „Frevelmut" handelt, wird verurteilt.[23]

Gott als Kassenwart

Hält Sophokles in der dritten Strophe einen Hinweis auf die Begrenztheit des Menschen bereit (Tod) und fordert (in der vierten Strophe) die Achtung von staatlichem und göttlichem Recht, so spielt Gott im Chor der Güllener nur noch die Rolle desjenigen, der den Wohlstand bewahren soll, damit die Bürger Güllens ihr „Glück glücklich genießen können" (S. 134). Gott wird zum ideellen Kassenwart von Geschäften und Schachereien degradiert und zum Schutzpatron der Warenwelt ausgerufen.

Keine Läuterung

Recht und Gesetz haben in diesem Schlusschor noch nicht einmal mehr als Vokabeln Platz, geschweige denn, dass sie im Bewusstsein der Güllener überhaupt noch eine Bedeutung hätten. Ein gemeinsames Wertesystem, zu dem in der Antike auch der Glaube an die Götter und die Lehren aus den in den Mythen geronnenen Erfahrungen zu zählen sind, existiert, ganz anders als in der antiken Polis, der Gemeinde des griechischen Stadtstaates, in Güllen (das nur ein Modell für die Welt ist) nicht mehr; insofern gibt es auch keine Läuterung (keine Katharsis), sondern nur eine Um-

---

[23] Für eine ausführliche Betrachtung des „Standliedes" im Kontext des Dramas von Sophokles ist hier kein Platz. Deshalb nur folgende Hinweise: Sophokles Drama stellt Antigone und Kreon gegenüber, der verfügt hat, dass Polyneikes, einer der beiden Brüder Antigones, nicht begraben werden darf. Dieser Anordnung Kreons widersetzt sich Antigone mit Berufung darauf, dass göttliches Recht höher zu achten sei als von Menschen gemachtes Recht. Daraus entsteht der Konflikt. Was der Chor hier noch nicht einzuschätzen vermag, ist die Rolle Kreons. Dessen Hybris erkennt der Chor erst später. Die Worte des Chores in der vierten Strophe richten sich gegen den (noch) unbekannten Täter, der Polyneikes – entgegen der Anordnung Kreons – bestattet hat. Erst nach dieser Chorpassage wird Antigone von Wächtern vor Kreon gebracht und bekennt sich als Täterin. Vgl. auch Königs Erläuterungen, Band 41.

3.3 Aufbau

wertung der Werte und einen Triumph des Geldes. Mit der Vernichtung Ills sind gleichzeitig alle moralischen Maßstäbe, alle Normen und Werte vernichtet worden. Diese Unterschiede werden besonders deutlich, wenn man auch noch die Schlusszeilen des *Antigone*-Dramas berücksichtigt. Dort sagt der Chor:

> „Von allen Glücksgaben ist Einsicht ins Recht
> Die erste. Nie darf gegen Gottesgebot
> Man freveln. Es tilgt sich vermessenes Wort
> In unermesslichem Schicksalsschlag
> Und lehrt im Alter noch Einsicht."[24]

Sophokles: Warnung vor der Hybris Hybris = Selbstüberhebung des Menschen

Als höchste Glücksgabe wird die Einsicht in das Recht genannt! Genau diese Einsicht haben die Güllener nicht, denn sie käme einem Schuldeingeständnis gleich. Ihre Glücksgaben sind ausschließlich profaner Natur (Waren und Dienstleistungen). Die Gebote Gottes sind außer Kraft gesetzt! Und eine Hoffnung, dass die Güllener zur Einsicht, also zur Sicht in sich hinein und damit zur Anerkenntnis ihrer Schuld kommen könnten, besteht wohl nicht.

Dürrenmatt selbst bezeichnet das Chorlied als „Standortbestimmung, als gäbe ein havariertes Schiff, weit abgetrieben, die letzten Signale" (S. 132).[25] Dies könnte auch bedeuten, dass das Chorlied, um im Bild von der Schiffshavarie zu bleiben und gegen den Strich gelesen, auch ein letztes S.O.S. ist, ein Notruf (des Autors?), der sich an das Publikum richtet, das Dürrenmatt in den „Randnotizen" unter dem Stichwort „Positives" anspricht: „Positives verlangt der Theaterbesucher gleich ins Haus geliefert. Ist jedoch bei einigem

Ein letztes S.O.S.?

---

[24] Sophokles, S. 40
[25] Vgl. in diesem Zusammenhang auch die „Randnotizen" Dürrenmatts zu den Stichworten Chor, Komödie, Sophokles und Tragödie (S. 137–140)

3.3 Aufbau

Nachdenken in jedem Stück zu finden." (S. 140) Das Positive, also eine Antwort auf die Frage, wie denn die Welt besser zu gestalten sei, verweigert der Autor. Er zeigt die Welt, so wie er sie sieht. Er zeigt eine Negativfolie, also das, was zu verneinen ist. Das Positive, das aus dem Stück zu ziehen ist, wäre dann die Negation der Negation durch das Publikum.

3.4 Personenkonstellation und Charakteristiken

In *Der Besuch der alten Dame* treten zahlreiche Personen und Personengruppen auf, von denen wir im folgenden Abschnitt einige ausführlicher behandeln:

Alfred Ill:
- führt einen Krämerladen.
- ist zu Beginn des Dramas die „beliebteste Persönlichkeit".
- war die Jugendliebe Claire Zachanassians.
- wandelt sich vom Lügner und Opportunisten zum Helden.

Claire Zachanassian:
- ist eine Milliardärin.
- wurde als junges Mädchen von Ill geschwängert, der aber seine Vaterschaft verleugnete.
- verlangt gegen eine Spende von einer Milliarde die Ermordung Ills.
- hängt ihrer Jugendliebe nach und hat für Ill ein Mausoleum auf Capri errichtet.

Lehrer/Pfarrer/Bürgermeister/Arzt:
- Sie repräsentieren in ihrer Gesamtheit die Gemeinde, die demokratischen Normen und Wertvorstellungen.
- An ihnen wird das Versagen dieser Normen und Werte gezeigt.

ZUSAMMENFASSUNG

3.4 Personenkonstellation und Charakteristiken

Ills Familie:
→ Seine Frau und seine Kinder lassen Ill im Stich.

Pressevertreter:
→ Die Pressevertreter versagen als Instanz einer kritischen Öffentlichkeit.

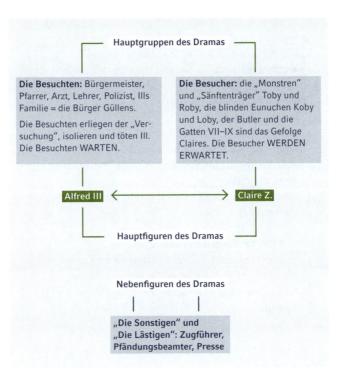

Hauptgruppen des Dramas

Die Besuchten: Bürgermeister, Pfarrer, Arzt, Lehrer, Polizist, Ills Familie = die Bürger Güllens.
Die Besuchten erliegen der „Versuchung", isolieren und töten Ill. Die Besuchten WARTEN.

Die Besucher: die „Monstren" und „Sänftenträger" Toby und Roby, die blinden Eunuchen Koby und Loby, der Butler und die Gatten VII–IX sind das Gefolge Claires. Die Besucher WERDEN ERWARTET.

Alfred Ill ⟷ Claire Z.

Hauptfiguren des Dramas

Nebenfiguren des Dramas

„Die Sonstigen" und „Die Lästigen": Zugführer, Pfändungsbeamter, Presse

3.4 Personenkonstellation und Charakteristiken

Im Personenverzeichnis werden die Figuren in vier Gruppen aufgeteilt, nämlich in „Die Besucher", „Die Besuchten", „Die Sonstigen" und „Die Lästigen". Daraus ergibt sich eine Aufteilung in zwei Hauptgruppen, denn den Besuchten stehen kontrastiv die Besucher gegenüber, und zwei Nebengruppen. Diese Nebengruppen weisen eine Gemeinsamkeit auf: Sie gehören nicht zur Gemeinde Güllen, wie der Zugführer, der Pfändungsbeamte und die Presseleute. Wenn Dürrenmatt die Presseleute dennoch gesondert als „Lästige" aufführt, kann daraus zugleich seine kritische Haltung gegenüber den Vertretern der Medienwelt abgelesen werden, die sich auch in den „Randnotizen" dokumentiert, wo er unter dem Stichwort „Reporter" schreibt: „Errichten neben der wirklichen Welt eine Phantomwelt. Heute werden die beiden Welten oft verwechselt." (S. 140)

Personengruppen

Lästige Presseleute

Dieser formalen Einteilung steht im Zuge der Konfliktentwicklung allerdings eine andere gegenüber: Claire Zachanassian und Ill rücken als Figuren in den Mittelpunkt, und Ill, der zunächst zur Gruppe der „Besuchten" gehört, steht dieser Gruppe, der Gemeinde der Güllener, isoliert gegenüber.

Die Gruppe der „Besucher" kann noch einmal unterteilt werden. Der „Butler" entpuppt sich als ehemaliger Oberrichter Hofer aus Güllen und hat im Jahre 1910 die Vaterschaftsklage Claire Zachanassians gegen Ill behandelt. Aufgrund der Falschaussage der von Ill bestochenen Zeugen Ja**kob** Hühnlein (aus ihm ist **Koby** geworden) und Ludwig Sparr (**Loby**) hat er die Klage abgewiesen. Diese drei Figuren sind also direkt an der Vorgeschichte beteiligt. **Toby** und **Roby**, die beiden ehemaligen Gangster, sind Werkzeuge Claire Zachanassians (sie haben Koby und Loby kastriert und geblendet), die Ehemänner sind Spielzeuge Claire Zachanassians.

Das Personal im Gefolge der Zachanassian

Eine Gemeinsamkeit der Männerfiguren besteht in der Anpassung der Namen (z. B. Gatte VIII – Hoby, Gatte VII – Moby), die

3.4 Personenkonstellation und Charakteristiken

Männer werden gekauft

sich nach dem Namen des Butlers richten (Boby). Zur Begründung führt Claire Zachanassian aus: „Komm, Moby, verneig dich. Eigentlich heißt er Pedro, doch macht sich Moby schöner. Es paßt auch besser zu Boby, wie der Kammerdiener heißt. Den hat man schließlich fürs Leben, da müssen sich dann eben die Gatten nach seinem Namen richten." (S. 26) Sind Koby und Loby tatsächlich kastriert, im sexuellen Sinne entmannt (sozusagen bestraft für eine Tat, den Sexualakt mit Claire nämlich, die sie vor Gericht nur **behauptet** haben; wie sie von Ill bestochen wurden, so wurden ihnen die Augen ausgestochen), so werden die anderen Männer im Gefolge der Zachanassian durch die Veränderung des Namens symbolisch entmannt und verstümmelt. Die Männer im Gefolge der Zachanassian sind alle von ihr gekauft worden, im wörtlichen Sinne, wie ihr erster Ehemann, der alte Zachanassian, ihre Liebesdienste als Bordellhure zunächst erkauft hat.

Werkzeuge der Zachanassian

Wie sie diese Männer gekauft hat, so kauft sie auch die Gemeinde Güllen, indem sie zunächst die Fabriken, Gebäude etc. kauft, um sich dann den Mord erkaufen zu können. So werden alle Güllener Werkzeuge Claire Zachanassians; die Mitglieder der Gemeinde werden zum Kollektiv der Täter und Konsumenten, Teil einer entindividualisierten Masse, in der der Einzelne gesichtslos wird. Deshalb können die Bürger auch als „Der Erste", „Der Zweite" usw. bezeichnet werden, gleichzeitig die Rolle von Naturelementen spielen (Baum) oder zum Bürger „Hofbauer" werden, wie „Der Erste", der bei Ill ein Schlachtbeil ersteht (vgl. S. 92). Sie sind deshalb nicht als Charaktere ausgeformt, sondern als Träger eines deformierten Bewusstseins. Der Bürgermeister, der Lehrer, der Arzt und der Pfarrer artikulieren dieses Bewusstsein, bringen es zur Sprache. Lediglich diese Artikulation – und nicht eine andere Charakterzeichnung – unterscheidet sie vom Rest der Gemeinde. Auch die Güllener werden – im übertragenen Sinne – zu blinden und kastrierten Wesen.

Güllener verlieren ihre Individualität

3.4 Personenkonstellation und Charakteristiken

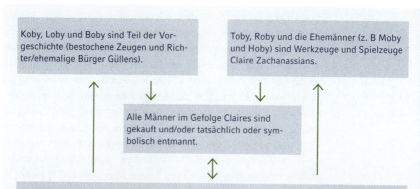

III

Alfred Ill ist die einzige Figur des Dramas, die **dynamisch angelegt** ist, bei der sich also eine **Charakterentwicklung,** nämlich die zum mutigen Menschen, feststellen lässt. Ist er zu Beginn des Dramas noch Teil des Kollektivs (der Güllener), so gewinnt er im Verlaufe der Handlung Konturen, macht eine Wandlung durch und steht den anderen Figuren im **Kontrast** gegenüber.

Alfred Ill (im Englischen: *ill* = krank), sein Geburtsjahr gibt der Autor mit 1889 an (vgl. S. 139), ist zur Zeit der Handlung des Dramas rund 65 Jahre alt. Er führt einen Krämerladen (Kleinwarenladen), an den er durch die Heirat mit Mathilde Blumhard gekommen ist. Mathilde Blumhards Laden und Geldes wegen hat er Claire im Stich gelassen. Die gemeinsamen Kinder, ein Sohn und eine Tochter, sind zwischen 20 und 22 Jahre alt. Ill gilt als die „beliebteste Persönlichkeit" in Güllen und soll Nachfolger des Bürgermeisters

Ill zu Beginn des Dramas: ein Lügner und Opportunist

3.4 Personenkonstellation und Charakteristiken

werden (vgl. S. 20). Seine besondere Rolle zu Beginn des Dramas leitet sich für die Güllener aus seinem vormaligen Verhältnis zu Claire Zachanassian ab, was der Bürgermeister mit den Worten zum Ausdruck bringt: „Sie waren mit ihr befreundet, Ill, da hängt alles von ihnen ab." (S. 18) (Diese Aussage ist von hohem Wahrheitsgehalt, wird aber im Laufe des Stücks eine andere Bedeutung bekommen.) Ill fühlt sich in seiner Rolle zu Beginn sichtlich wohl, ist geschmeichelt von der Aufmerksamkeit, die ihm entgegengebracht wird, wird zugleich aber auch als Lügner gekennzeichnet, wenn er die Gründe für das Ende der Beziehung zu Claire, damals noch Klara, dem Pfarrer gegenüber völlig verzerrt darstellt (vgl. ebenda). Ill ist von sich überzeugt; trotz seines Alters hält er sich immer noch für einen Charmeur und glaubt an seine Virilität, wenn er, zum Lehrer sprechend, mit Blick auf Claire Zachanassian die sexuell konnotierte Formulierung benutzt: „Sehen Sie, Herr Lehrer, die habe ich im Sack." (S. 25) Sein übersteigertes Selbstwertgefühl zeigt sich auch darin, dass er behauptet, er sei immer noch Claires „schwarzer Panther"; zwar wird er von Claire auf den Boden der Tatsachen geholt („Unsinn. Du bist fett geworden. Und grau und versoffen."; S. 26), doch hält er zunächst an der Linie, Claire mit falschen Schmeicheleien zu gewinnen, fest.

Ill: „Die habe ich im Sack." (S. 25)

Beim Gespräch mit Claire im Konradsweilerwald (I. Akt) erweist sich Ill als feiger Opportunist. Er macht den Versuch, die Vergangenheit umzudeuten, indem er behauptet, er habe Claire verlassen, um ihrem Glück nicht im Wege zu sein. Unter Verweis auf seine Armut will er den Eindruck erwecken, sein damaliger „Verzicht" auf Claire sei ein Opfergang gewesen, der ihn in die Armut und das Unglück der Gegenwart geführt habe („Ich lebe in einer Hölle."; S. 38). Verstellung und Lüge erreichen den Gipfelpunkt in seiner Behauptung, er liebe Claire.

Gespräch im Konradsweilerwald

Als ihn die Vergangenheit einholt und der ehemalige Oberrich-

3.4 Personenkonstellation und Charakteristiken

ter Hofer ihn mit der Anklage Claires und den bestochenen Zeugen konfrontiert, wechselt Ill die Strategie. Er erkennt seine Schuld nicht an, sondern beruft sich (juristisch durchaus nicht verkehrt) darauf, dass alles längst verjährt (vgl. S. 48) und das Leben weitergegangen sei (vgl. S. 49). Dass dieses Leben aber Claire in die Lage versetzt hat, ihre Forderung nach Tötung Ills überhaupt aufzustellen, erkennt er nicht. Die Ablehnung des Angebots der Milliarde durch den Bürgermeister verschafft ihm eine Atempause.

Ill muss bald erkennen, dass Zeit und Geld gegen ihn arbeiten. Zusehends wird er mit den Wareneinkäufen der Güllener konfrontiert, und zusehends gerät er in Isolation. Er merkt den Stimmungsumschwung in Güllen; doch zu einer ernsthaften Auseinandersetzung mit sich selbst kommt er zunächst noch nicht. Das Vergangene behandelt er zu Beginn des II. Aktes noch auf der Ebene von Allgemeinplätzen („Ich bin ein alter Sünder, Hofbauer, wer ist dies nicht. Es war ein böser Jugendstreich ..."; S. 56). Mit zunehmender Verschuldung der Güllener (und damit wachsender Notwendigkeit, das Angebot der Zachanassian anzunehmen), wächst der Druck auf Ill: Der Bürgermeister erhebt moralische Vorwürfe und erklärt Ill, er könne nun doch nicht zum Nachfolger gewählt werden, der Pfarrer rät ihm, sich um die Unsterblichkeit seiner Seele zu kümmern, Ills Post wird nicht mehr weitergeleitet, der schwarze Panther wird vor seiner Ladentür erschossen, die Güllener sind bewaffnet.

Ills allmähliche Isolation

Ill erkennt, dass man Jagd auf ihn macht, er erkennt die Deformierung des Bewusstseins der Güllener (die gelben Schuhe als Zeichen), er sieht, dass die Gemeinde der Magie der Waren erliegt: deshalb verprügelt er seine Kunden nicht, sondern bewirft sie mit Waren, den Objekten ihrer Begierde, in denen sich zugleich auch ihre Bereitschaft zum Mord verstofflicht (vgl. S. 60). Und zugleich entwickelt er ein authentisches Gefühl: die Furcht. Er offenbart sie

Beginnende Wandlung Ills: Erkenntnis und Furcht

3.4 Personenkonstellation und Charakteristiken

dem Bürgermeister (vgl. S. 68) und dem Pfarrer (vgl. S. 73), und er offenbart sie, das Gewehr im Anschlag, Claire Zachanassian (vgl. S. 78). Von ihr an seine Liebe und seinen Verrat erinnert (vgl. S. 79), lässt er das Gewehr wieder sinken. Schon kraftlos macht er sich auf den Weg zum Bahnhof, wo er, umringt von den Güllenern, zusammenbricht. Sein Satz „Ich bin verloren" (S. 85) signalisiert die einsetzende Wende. Er erkennt sich als Verlorener. Diese Erkenntnis geht einher mit der (aus religiösen Kontexten) bekannten Geste des Gesicht-Verhüllens, die zugleich eine Anerkenntnis von Verlorenheit und Schuld enthüllt und Demut signalisiert. Die Entwicklung im II. Akt legt einen Vergleich mit Motiven aus dem „Buch Hiob" nahe.

Ill und Hiob

Im **Buch Hiob/19** findet sich in

Auszüge aus dem Buch Hiob

Vers 12: „Vereint kommen seine (= Gottes) Kriegsscharen und haben ihren Weg gegen mich gebaut und sich um meine Hütte her gelagert." Die Güllener, teilweise bewaffnet, umlagern Ills Laden; am Bahnhof bilden sie einen Kreis um ihn, belagern ihn.

Vers 13: „Er (= Gott) hat meine Brüder von mir entfernt, und meine Verwandten sind mir fremd geworden." Ills Familie entfremdet sich von ihm, wird Teil der Güllener Konsumgesellschaft und setzt auf seine Ermordung.

Vers 14: „Meine Nächsten haben sich zurückgezogen, und meine Freunde haben mich vergessen." Ill gerät gegenüber der Familie und den Güllenern in Isolation.

Ill: ein Gewandelter

Anders als der alttestamentarische Hiob sieht sich Ill aber keiner göttlichen Instanz gegenüber, denn Güllen ist gottlos geworden; die Begrüßungsformel „Grüß Gott" (vgl. z. B. S. 80) ist nur noch scheinheilige Floskel, Teil einer Verzerrung des Bewusstseins und einer Strategie des Heuchelns, die Güllener sind längst der Versuchung erlegen, und der Pfarrer hat mit seiner Aufforderung zur Flucht Ill sogar die Schuld an dieser Versuchung gegeben (vgl. S. 76). Ill muss seinen Weg ohne Gott gehen.

3.4 Personenkonstellation und Charakteristiken

Bei seinem ersten Auftritt im III. Akt ist er bereits ein Gewandelter; für mehrere Tage hat er sich in seinem Zimmer eingeschlossen; er erscheint in „alten zerschlissenen Kleidern" (S. 99) und stellt somit schon vom Erscheinungsbild her einen Kontrast zu den herausgeputzten Güllenern dar. Er bringt den Lehrer davon ab, gegenüber der Presse Andeutungen über das wahre Geschehen und die Hintergründe dafür zu machen, er verkauft seine Waren an seine späteren Mörder mit freundlichen Floskeln, er sagt dem Lehrer, dass er nicht mehr kämpfen wolle und fasst seine Selbsterkenntnis in die Worte:

III: der Mutige ohne falschen Heroismus

> „**Ich bin schließlich schuld daran** … Ich habe Klara zu dem gemacht, was sie ist, und mich zu dem, was ich bin, ein verschmierter windiger Krämer. Was soll ich tun, Lehrer von Güllen? Den Unschuldigen spielen? Alles ist meine Tat, die Eunuchen, der Butler, der Sarg, die Milliarde. Ich kann mir nicht mehr helfen und euch auch nicht mehr." (S. 102 f., Hervorhebung nicht im Original)

III: der Schuldige

Aus diesem Selbstverständnis heraus lehnt Ill es auch ab, den Güllenern den Mord zu ersparen (das ist die Hilfe, die der Bürgermeister von ihm erwartet, vgl. S. 108). Die (simulierte) Autofahrt mit der Familie zeigt schon einen gelassenen Ill, der sein Leben noch einmal an sich vorbeiziehen lässt, das er im letzten Gespräch mit Claire als „sinnlos" bezeichnet (S. 117). In einem Moment der Wahrhaftigkeit stellt Ill mit einer sprachlichen Nuance eine Gemeinsamkeit mit Claire her und legt sein Bekenntnis ab, ohne den Begriff Schuld benutzen zu müssen: „Du hattest – ich meine, *wir* hatten ein Kind?" (S. 115, Hervorhebung nicht im Original)

III: der Gelassene

In den Tod geht er ohne falschen Heroismus (er zögert, geht langsam, vgl. S. 129), aber innerlich frei. Er ist der **mutige Einzel-**

3.4 Personenkonstellation und Charakteristiken

ne geworden, der die Ordnung der Welt zwar nicht insgesamt wiederherstellen kann, aber die Ordnung der Welt in seiner Brust wiederherstellt (vgl. Dürrenmatt, *Theaterprobleme*). Ill gibt ein Beispiel für die Wiederherstellung dieser Ordnung.

Claire Zachanassian

Der Name und seine Bestandteile

Claire Zachanassian macht im Stück keine Entwicklung durch, sie ist **statisch angelegt**. Sie wird lediglich zum „Götzenbild aus Stein", das „unbeweglich" ist (S. 134). Claire Zachanassians Entwicklung ist **vor Beginn der Bühnenhandlung abgeschlossen**.

Vorgeschichte: Klara Wäscher wird Claire Zachanassian

Aus der einstigen Klara Wäscher (Klara = die Helle, Reine, aber auch Berühmte / Wäscher = einfache Herkunft, aber auch Bezug zum Waschen im Sinne von Reinigung, rein waschen) ist Claire Zachanassian geworden; der Nachname setzt sich laut Dürrenmatt (vgl. S. 141) aus Bestandteilen der Namen **Zacha**roff (Munitionsfabrikant z. Zt. des I. Weltkrieges), O**nass**is (ein griechischer Großreeder) und Gulbek**ian** (ein Ölmilliardär aus Armenien) zusammen.

Vorbereitung der Rache

Claire Zachanassian wird 1892 in Güllen geboren (S. 141). Ihre Jugendliebe Alfred Ill schwängert sie (er ist 20, sie 17 Jahre alt), lässt sie dann aber im Stich. Im Winter 1909/10 verlässt sie Güllen hochschwanger und fährt nach Hamburg; die dort geborene Tochter (Geneviève) wird ihr von der Fürsorge weggenommen und stirbt im Alter von einem Jahr an Hirnhautentzündung. Die im Jahre 1910 angestrengte Vaterschaftsklage wird durch den Güllener Oberrichter Hofer abgewiesen (Falschaussagen der von Ill bestochenen Zeugen Hühnlein und Sparr). Klara/Claire wird Hure in einem Hamburger Bordell, wo sie den Milliardär Zachanassian kennenlernt, der sie heiratet und ihr bei seinem Tod (um 1928) drei Milliarden hinterlässt. Mit diesem Geld kann Claire Zachanassian nun ihren Plan in die Tat umsetzen. Sie macht dem ehemali-

3.4 Personenkonstellation und Charakteristiken

gen Oberrichter Hofer, inzwischen Richter am Kaffiger Appellationsgericht, ein so großzügiges Besoldungsangebot, dass er als Butler Boby in ihre Dienste tritt. Da nach einem Autounfall ihr linkes Bein amputiert wird und sie fortan eine Prothese tragen muss, kauft sie zwei zum Tode verurteilte Verbrecher, die in Sing-Sing einsitzen, frei (für je eine Million Dollar) und engagiert sie als Sänftenträger (Roby und Toby). Um das Jahr 1930 lässt Claire Zachanassian die beiden bestochenen Zeugen suchen (der eine lebt in Kanada, der andere in Australien). Durch Roby und Toby werden sie kastriert und geblendet und gehören fortan als Koby und Loby zum Gefolge der Zachanassian. Claire überlebt einen Flugzeugabsturz, der sie den rechten Arm kostet und durch eine Prothese aus Elfenbein ersetzt wird. Sie heiratet weitere sechs Mal (mit dem – noch – siebten Ehemann trifft sie in Güllen ein). Durch Mittelsmänner bringt sie Güllen in ihre Hand, indem sie die wirtschaftliche Infrastruktur (Bockmann, Wagner-Werke etc.) aufkauft und ruiniert (Stilllegung der Werke und Fabriken). Gleichzeitig tritt sie in den Nachbargemeinden als Wohltäterin auf (Kinderkrippe, Gedächtniskirche) und vermittelt so, psychologisch geschickt, ein völlig falsches Bild von sich, denn die Güllener erwarten eine mildtätige und großherzige Spenderin. So sind die Voraussetzungen geschaffen, um den entscheidenden Teil ihres Plans umzusetzen, als sie in Güllen eintrifft.

Ehemänner und Protesen

Schon dieses Eintreffen ist eine großartige Inszenierung, die verdeutlicht, dass mit Claire jemand nach Güllen kommt, der mit den üblichen menschlichen Maßstäben nicht zu messen ist, denn die „Naturgesetze sind aufgehoben" (S. 21), weil der „Rasende Roland" in Güllen von ihr zum Halten gebracht wird. Dürrenmatt präsentiert mit diesem Auftritt in nahezu parodistischer Verkehrung das „Deus-ex-Machina"-Element antiker Dramen (der „Gott aus der Maschine" ist eine mit technischen Mitteln der Bühnen-

Deus-ex-Machina-Motiv

3.4 Personenkonstellation und Charakteristiken

maschinerie auf die Bühne herabgelassene Gottheit und symbolisiert einen unerwarteten Helfer). Dürrenmatts Claire erscheint aber nicht, wie der antike Gott, am Ende des Dramas, um den scheinbar unlöslichen Konflikt doch noch aufzulösen, sondern sie tritt zu Beginn auf und stellt eine Forderung, die die Güllener erst in einen Konflikt stürzt (Moral gegen Geld, eine Milliarde für einen Mord). Sie ist keine Göttin, sondern, wie sie selber sagt, „die Hölle" (S. 38). Aber zu dieser Hölle ist sie *geworden* (ebenda) – und die Güllener selbst haben einen (gemessen an Ill allerdings eher geringen) Anteil an diesem Werdegang, indem sie der schwangeren Jugendlichen (Klara) „nachgrinsten" (S. 90) und das Fehlurteil (auf Grund der Falschaussagen) duldeten. Claires Rache richtet sich eben nicht direkt gegen die Stadt, sondern sie macht die Stadt zum Werkzeug ihrer Rache an Ill, nutzt die Verführbarkeit der Güllener aus, die die ehemalige Schuld Ills nun durch ihre eigene Verstrickung in Schuld aus der Vergangenheit in die Gegenwart verlängern.

Claire – die Hölle

Claire Zachanassian gehört die Welt, und sie macht diese Welt zu einem Bordell, in dem alles käuflich ist. Sie muss sich keine Menschlichkeit leisten, weil sie sich eine Weltordnung leisten kann (vgl. S. 91).

Die Welt als Bordell

Ihr (nahezu märchenhafter) Aufstieg von der Dorfschönheit aus einfachsten Verhältnissen zur reichsten Frau der Welt mit einem Bekanntenkreis, zu dem alle Reichen und Schönen gehören, ist so bizarr wie ihr Erscheinungsbild grotesk ist.[26] Ihre Aussagen (auch die Selbstaussagen) sind direkt und offen, ihre Aussagesätze sind

Auftreten – Erscheinung – Sprache

---

[26] Sieht man einmal davon ab, dass Claire ihren alten Zachanassian in einem Hamburger Bordell kennenlernt, so erinnert ihre Heirat mit Zachanassian an den Aufstieg der Begum Yvette Aga Khan (Aga Khan sagt sein Kommen zur Hochzeit Claires mit Gatte VIII zu, vgl. S. 72). Begum Yvette, gestorben am 1. Juli 2000, war die Schneiderin Yvette Blanche Labrousse, Tochter eines Straßenbahnschaffners und einer Schneiderin, und wurde 1944 die vierte Frau des sagenhaft reichen Fürsten Aga Khan.

3.4 Personenkonstellation und Charakteristiken

Setzungen, die keinen Widerspruch zulassen, ihre Sprache ist ökonomisch, ohne überflüssiges Vokabular und rhetorische Schaumschlägerei, ihre Sätze (oft elliptisch) wirken aber teilweise wie aus Fragmenten oder Bruchstücken zusammengesetzt – wie sie selber aus Prothesen zusammengesetzt ist.

Ihre Rache ist maßlos und übersteigt jede Verhältnismäßigkeit. Deshalb wohl auch will Dürrenmatt sie nicht als Verkörperung der Gerechtigkeit sehen, sondern als reichste Frau der Welt, die es sich leisten kann, grausam wie Medea zu sein (vgl. S. 142). Nun mag man aus der Gestaltung der Zachanassian-Figur allerlei, und übrigens nicht zu Unrecht, ableiten: Natürlich hat sie für das Spielgeschehen die herausragende und herausgehobene dramaturgische Funktion (auch symbolisiert in den Parallelszenen auf dem Balkon und in Ills Laden, II. Akt), gerade weil sie warten kann, treibt sie das Geschehen voran. Da ihr die Welt gehört, sitzt sie auch über die Welt zu Gericht. Sie ist Götzenbild und verzerrte Wiedergängerin **antiker Erinnyen** zugleich. All das macht sie übermenschlich und unmenschlich, lässt sie seelenlos und kalt erscheinen. Doch hat sie eine unter der Maske des Grotesken und Absoluten verborgene andere Seite, die der Lehrer in einem lichten Momente erkennt: „Frau Zachanassian! Sie sind ein verletztes liebendes Weib!" (S. 90) Diese Verletzung hat ihr Ill zugefügt, indem er ihre Liebe verraten hat; die Maßlosigkeit ihrer Rache mag als Anzeichen für das Maß an Verletzung und die Größe der Liebe gesehen werden. Bezeichnend ist, dass der Lehrer im Präsens spricht, die Liebe und die Verletzung also nicht als etwas Vergangenes betrachtet. Und viele Textverweise deuten darauf hin, dass Claires Rachefeldzug nichts anderes ist als der Versuch, eine **verlorene Zeit zurückzuholen.** Deshalb lässt sie sich nach der Ankunft zunächst in die Petersche Scheune und den Konradsweilerwald tragen, an die „alten Liebesorte" (S. 31), um mit Ill zu

Facetten Claire Zachanassians

Erinnyen = Rachegöttinnen

3.4 Personenkonstellation und Charakteristiken

Suche nach Vergangenheit

sprechen und sich die Vergangenheit zu vergegenwärtigen: „Auf diesem Findling küßten wir uns. Vor mehr als fünfundvierzig Jahren. Wir liebten uns unter diesen Sträuchern, unter dieser Buche, zwischen Fliegenpilzen im Moos." (S. 37) Auch der Balkon, der Ort ihrer Residenz in der Gegenwart, ist nicht zufällig gewählt, sondern weckt Erinnerungen: „Diese Erinnerungen. Ich war auch auf einem Balkon, damals, als wir uns zum ersten Male sahen … Und du standst da und du schautest hinauf zu mir, immerzu. Ich war verlegen und wußte nicht, was tun." (S. 78; vgl. auch weiter auf S. 79). Beim letzten Gespräch mit Ill will sie folgerichtig von ihm wissen, wie sie damals war. Die Gegenwart spielt für einen Moment keine Rolle mehr. Das Zurückholen und die Veränderung der Vergangenheit ist aber nur um den Preis der Tötung Ills möglich, Claires Traum ist zur tödlichen Wirklichkeit geworden:

Claires Sehnsucht nach verlorener Zeit

> „Doch den Traum von Leben, von Liebe, von Vertrauen, diesen einst wirklichen Traum habe ich nicht vergessen. Ich will ihn wieder errichten mit meinen Milliarden, die Vergangenheit ändern, indem ich dich vernichte." (S. 117)

Ein versteinerter Traum

Claire Zachanassian greift in das Schicksal der Menschen ein (Ill, Güllen), sie scheint die Instanz des Schicksals (Moira) zu verkörpern. Aber auch sie ist der Zeit (Chronos) unterworfen, ihre Veränderung der Vergangenheit ist nur scheinhaft, auf der Ebene des Traums, möglich.[27] Eines Traums jedoch, der versteinert ist. Wie sie zum „Götzenbild aus Stein" wird (S. 134), so existiert Ill für sie nur als steinernes Monument, aufgebahrt im Mausoleum.

---

27 Die Zeit (Chronos) und das Schicksal (Moira) sind die beiden Instanzen, die der Prometheus Goethes als höhere Mächte anerkennt, wenn er, an Zeus gerichtet, sagt: „Hat nicht mich zum Manne geschmiedet/Die allmächtige Zeit/Und das ewige Schicksal/Meine Herrn und deine?" (Goethe: *Prometheus*, zit. nach: *Gedichte aus sieben Jahrhunderten*. Bamberg: C.C. Buchner, 1989, S. 30)

3.4 Personenkonstellation und Charakteristiken

Lehrer/Pfarrer/Bürgermeister/Arzt

Der Lehrer, der Pfarrer, der Bürgermeister und der Arzt repräsentieren die Instanzen der Gemeinde; Bürgermeister und Arzt stehen für die politische und soziale Ordnung, der Pfarrer verkörpert den Ort als christliche Gemeinde, der Lehrer ist der Repräsentant der Bildung und der Kultur. An ihnen zeigt sich, stellvertretend für die gesamte Stadt Güllen, der Zusammenbruch der Instanzen, der Werte und des Ordnungsgefüges. Sie artikulieren diesen Zusammenbruch, sprechen das aus, was sich als dumpfer Prozess bei allen Güllenern vollzieht, nämlich die Transformation von Bürgern in Konsumenten und die Bereitschaft zum Mord: Durch die Aufteilung der Milliarde in 500 Millionen für die gesamte Gemeinde und 500 Millionen, verteilt auf die einzelnen Familien, wird Güllen nicht nur als Gemeinwesen korrumpiert, sondern jeder Einzelne wird korrumpiert.

Bürger werden Konsumenten

Die Zurückweisung des Vorschlags Claire Zachanassians durch den **Bürgermeister** (Ende des I. Aktes) erweist sich bald als hohle Phrase. Er äußert gegenüber Ill Schuldvorwürfe, teilt ihm mit, dass er natürlich nicht mehr sein Nachfolger werden könne, und versucht – mit schmierig-windiger Rhetorik – Ill zum Selbstmord zu überreden. Als Symbol dafür, dass er sich bereits mit der Ermordung Ills einrichtet, stehen die Anschaffung der neuen (elektrischen) Schreibmaschine (Marke: Remington), der Bauplan für das neue Stadthaus und die teure Zigarre (eine blonde Pegasus), die er sich leistet (vgl. S. 68–72). Der **Arzt** sucht gemeinsam mit dem Lehrer Claire Zachanassian auf, um ihr den Vorschlag zu unterbreiten, die Stadt ökonomisch zu sanieren (nicht wissend, dass der Ruin der Stadt ein Teil des Plans von Claire Zachanassian ist). Bei diesem Gespräch bestehen seine Redeanteile allerdings aus reinen Floskeln („Das ist doch ungeheuerlich", S. 90). Faktisch ist auch sein Bewusstsein bereits deformiert, er ist längst Konsument auf

Bürgermeister

Arzt

3.4 Personenkonstellation und Charakteristiken

Pump geworden. Als Symbol steht dafür der neue Mercedes 300, mit dem er an Ill während dessen Ausfahrt mit der Familie vorbeirauscht (vgl. S. 110).

Der Pfarrer

Der **Pfarrer**, der beim Betreten der Sakristei ein Gewehr umgehängt hat (!), bietet Ill keine Hilfe und keine Zuflucht an, sondern sieht die Qualen der Furcht, die Ill erleidet, als Läuterungsprozess. Die religiösen Floskeln, die er Ill serviert, sind nichts anderes als Teil einer Beschwichtigungsstrategie, denn auch der Pfarrer spekuliert auf Ills Tod (die neu angeschaffte Glocke ist das Dingsymbol dafür). Die Versuchung, die über der Stadt liegt, deutet er um. Nicht im Geld der Zachanassian sieht er die Versuchung, sondern in Ill – deshalb fordert er ihn zur Flucht auf. Allerdings führen seine Floskeln, sozusagen unter der Hand, doch zu einem Ergebnis: „Der Grund unserer Furcht liegt in unserem Herzen, liegt in unserer Sünde: Wenn Sie dies erkennen, besiegen Sie, was Sie quält, erhalten Waffen, dies zu vermögen." (S. 74) Das Ergebnis liegt nicht in jenem halbherzigen Fluchtversuch Ills am Bahnhof, sondern darin, dass er beginnt, tatsächlich in sein Herz zu blicken und sein Gewissen zu durchforschen. Nicht in der Flucht Ills liegt sein Mut, sondern im Standhalten. Der Pfarrer trägt, ohne dass er es eigentlich will, somit zur Wandlung Ills zum mutigen Menschen bei.

Sonderrolle des Lehrers

Der **Lehrer** spielt innerhalb der Gruppe der Repräsentanten eine Sonderrolle. Als Einziger spricht er offen die Wahrheit aus: „Man wird Sie töten. Ich weiß es, von Anfang an …" (S. 103) Und der Lehrer verschanzt sich nicht hinter dem Kollektiv, was sich sprachlich im Gebrauch der Personalpronomen ausdrückt. Sagt der Pfarrer nämlich „**Wir** sind schwach …" (S. 75), so spricht der Lehrer, durchaus auch sensibel für den Deformationsprozess, der sich in ihm vollzieht: „Auch **ich** werde mitmachen. **Ich** fühle, wie **ich** langsam zu einem Mörder werde." (S. 103, Hervorhebung nicht im Original). Zugleich hat er den Weitblick dafür, dass das

3.4 Personenkonstellation und Charakteristiken

Verbrechen der Güllener nicht ungestraft bleiben wird: „Noch weiß ich, daß auch zu uns eines Tages eine alte Dame kommen wird, eines Tages, und daß dann mit uns geschehen wird, was nun mit Ihnen geschieht ..." (ebenda) Sein Wissen und seine Ehrlichkeit ertränkt er allerdings im Alkohol.[28] Beim Schauprozess im Theatersaal ist es dann aber der Lehrer, der die Werte und Ideale (Freiheit, Gerechtigkeit, Humanität) in seiner Brandrede missbraucht, um den Mord an Ill zu legitimieren und ihm zugleich die Weihe eines Gnadenaktes zuzusprechen (vgl. S. 121 f.) Seine Ehrlichkeit und Selbsterkenntnis verkehren sich damit in das genaue Gegenteil, der „Paulus" wird zum „Saulus" und führt die „Gruppe der Metzger" (Mörder) an.[29]

Vom Paulus zum Saulus

Ills Familie

Über Ills Familie erfahren wir relativ wenig; gegenüber Claire Zachanassian spricht er von der Hölle, in der er lebt, deutet an, dass er mit seiner Frau nicht glücklich ist, behauptet, seine Kinder hätten keine Ideale und die Familie hielte ihm täglich die Armut vor (vgl. S. 38). Obwohl diese Äußerungen von Ills Interesse geleitet sind, durch die negative Schilderung seiner momentanen Situation sein Handeln in der Vergangenheit zu beschönigen und gleichzeitig Claires finanzielle Großzügigkeit zu stimulieren, können aus diesen Worten wohl die tatsächlichen Lebensumstände Ills abgelesen werden. Die Familienmitglieder sind nicht als individuelle Figuren gezeichnet, sondern eher konturlos; sie sind vielmehr Teil der Gesamtheit der Güllener – sie denken und verhalten sich wie alle anderen auch. Sie sind aber ein Demonstrationsobjekt

Fehlende Individualisierung

---

28 Auch in Max Frischs *Andorra* kommen dem Lehrer und dem Pfarrer besondere Rollen zu, worauf an dieser Stelle aber lediglich hingewiesen werden kann.
29 Vgl. Frizen, S. 45

3.4 Personenkonstellation und Charakteristiken

Ills Familie verfällt dem Konsum

dafür, dass die bürgerliche Familie keinen Schutz und Halt bieten kann angesichts einer Bedrohung, die durch die Macht des Geldes unterfüttert ist. Die Familienmitglieder haben alle, jedes auf seine Weise, Anteil am Konsumprozess, der die Güllener erfasst. Der Mann und Vater, dem die Armut bisher angelastet wurde, wird nun zur Belastung auf dem Weg zum Reichtum; seine Beseitigung ist deshalb auch für die Familie zwingend nötig. Die Familie will von Ills Tod profitieren, an seiner Ermordung aber nicht teilhaben. Die Distanzierung von Mann und Vater paart sich mit Feigheit: Während Ill – am Ende der Autofahrt – zu Fuß zur Gemeindeversammlung aufbricht, fährt die Familie mit dem neuen Wagen ins Kino nach Kalberstadt. Die Familienmitglieder überlassen Ill seinen Schlächtern in der Gewissheit, ihre Portion von seinem Fleisch zu bekommen. „Das „Auf bald! Auf bald", das Ills Frau ihm nachruft, ist nichts anderes als ihr Nachruf auf einen Mann, der in den Tod geht (vgl. S. 112).

Pressevertreter

Inszenierung von Wirklichkeit

„Wo ich heirate, ist immer die Presse dabei. Sie braucht mich, und ich brauche sie." (S. 72) Mit diesen Sätzen macht Claire Zachanassian die Mechanismen eines Pressewesens deutlich, das seine Funktion nicht in der Verbreitung von Wahrheit sieht, sondern in der Inszenierung von Wirklichkeit. Figuren wie Claire Zachanassian, die man ersetzen könnte durch Angehörige des Hochadels, des Geldadels oder des Show-Business, wobei die Grenzen zwischen diesen Gruppen fließend sind, sind die begehrten Objekte einer Sensationspresse (Regenbogenpresse oder Boulevardpresse), die das gesellschaftliche Leben personalisiert, das voyeuristische Interesse der Leserschaft bedient und die Bilder vom Leben mit diesem Leben verwechselt („Photograph: Die Zachanassian hat einen Neuen. Gehen im Konradsweilerwald spazieren … Das gibt ein

3.4 Personenkonstellation und Charakteristiken

Titelbild für ‚Life'."; S. 101). Claire Zachanassian braucht die Presse, weil sie ihren Anteil an der Verschleierung und Umdeutung der Wahrheit hat (eine Mordtat wird verschleiert, eine Erpressung wird zur Wohltat) und als Vermittler der in Güllen aufgebauten Scheinwelt fungiert und funktioniert.

In *Der Besuch der alten Dame* hat die Presse ihre Wächterfunktion verloren, als Kontrollinstanz einer kritischen Gegenöffentlichkeit hat sie ausgespielt. Sie wird genau in jenem Moment von der Versammlung im Theatersaal ausgeschlossen, in der der kollektive Mord an Ill vollzogen wird. Die Formel vom „Tod aus Freude" wird als das genommen, was sie ist, als „schöne Geschichte", aber dabei mit Wahrheit verwechselt. In einer der makabren Szenen des Stücks verdeutlicht Dürrenmatt, wie die Inszenierung von Wirklichkeit funktioniert und wie der Manipulateur von Wirklichkeit zugleich Teil einer Manipulation ist. Ein Pressemann „arrangiert" Aufnahmen in Ills Laden und gibt Anweisungen, wie Ill das „Mordinstrument" (das Beil) mit „nachdenklichem Gesicht" über die Theke zum „Metzger" reichen soll (vgl. S. 100). Nach dem Ende der Aufnahmen kommentiert der zweite Pressemann: „Gestorben." Dieser Begriff aus dem Fachjargon des Journalismus (er steht für den erfolgreichen Abschluss einer Aufnahme oder einer Serie von Aufnahmen) bezeichnet, ohne dass der Pressemann es weiß, die Wirklichkeit. Der Pressemann hat ein Mordinstrument abgelichtet, Ill steht wirklich einem seiner Metzger gegenüber, und Ill ist im Grunde genommen schon gestorben, ein lebender Toter. Aber die arrangierte Scheinwirklichkeit der Aufnahme wird als Wirklichkeit gesehen werden.

Randnotizen: Versagen der Presse; „Gestorben."

3.5 Sachliche und sprachliche Erläuterungen

S. 77	**Aga/Ali**	Aga Khan III, Oberhaupt der schiitischen Ismailiten, sagenhaft reicher indischer Fürst; Ali: Name seines Sohnes/Mitglieder des sog. „Jetsets"
S. 128	**Amos**	Prophet im Alten Testament; Amos predigt von der Gerechtigkeit Gottes und gegen die Sünden
S. 46	**Appellationsgericht**	zweite gerichtliche Instanz in der Schweiz
S. 131	**Apotheose**	Vergötterung, Verherrlichung
S. 41	**Bonmots**	witzige Bemerkungen
S. 63	**Dupont**	Chemiekonzern (USA)
S. 15	**Ecole des Beaux-Arts**	Schule der schönen Künste/Kunsthochschule
S. 119	**Ernst ist das Leben, heiter die Kunst.**	Zitat aus dem Prolog zu *Wallensteins Lager* von Schiller.
S. 87	**Erster Korinther dreizehn**	Erster Brief des Apostels Paulus an die christliche Gemeinde in Korinth, thematisiert u. a. die Liebe. In I/13 findet sich z. B.: „Die Liebe ist langmütig und freundlich ..., sie lässt sich nicht erbittern, sie rechnet das Böse nicht zu ... Die Liebe höret nimmer auf."
S. 114	**Eunuchen**	Haremswächter (kastriert)
S. 62	**Ike**	Spitzname für Dwight D. Eisenhower, Präsident der USA von 1953–1961
S. 34	**Klotho**	eine der drei Moiren (spinnt den Lebensfaden)
S. 34	**Lais**	Name zweier griech. Hetären, die wegen ihrer Schönheit berühmt waren
S. 64	**Lustige Witwe**	„Die lustige Witwe": Titel einer Operette von Franz Lehár (1870–1948)

3.5 Sachliche und sprachliche Erläuterungen

S. 90	**Medea**	Figur der griech. Mythologie. Tötete, dem Mythos nach, ihre Kinder und eine Nebenbuhlerin, als Jason ihr untreu wurde.
S. 62	**Nehru**	Premierminister Indiens von 1947–1964
S. 34	**Parzen/Moiren**	Schicksalsgöttinnen in der röm./griech. Mythologie
S. 61	**Pascha**	frühere Bezeichnung für einen hohen Staatsbeamten oder General in der Türkei
S. 72	**Riviera**	Treffpunkt der „Schönen und Reichen" (Nizza, Cannes etc.)
S. 134	**Salonwagen**	Komfortabler, hochwertig ausgestatteter Wagen eines Zuges
S. 18	**Schulrodel**	Schulakten
S. 22	**Sigrist**	Küster/Kirchendiener
S. 31	**Sing-Sing**	Gefängnis für Schwerverbrecher im Staate New York
S. 120	**Traktandum**	Tagesordnungspunkt, in der Debatte zu behandelnder Gegenstand

3.6 Stil und Sprache

ZUSAMMENFASSUNG

Dürrenmatt führt im Drama die Sprache als Element der Lüge und Verschleierung vor:
→ Die Sprache der Figuren ist häufig durch Doppel- und Mehrdeutigkeiten gekennzeichnet.
→ Es kommt kaum zu „echten" Dialogen.
→ Die Sprache der Gülleners repräsentiert ihren gemeinsamen Denkraum.

Sprache als Werkzeug

In einer Komödie, in der die Figuren Werte umdeuten und missbrauchen, um ihr Handeln zu rechtfertigen, ist die Sprache das Werkzeug, um Wirklichkeit zu verschleiern und falsches Bewusstsein, aber auch Lüge und Verrat rhetorisch zu verkleiden. Die Sprache ist keine Sprache der Aufklärung, der Erhellung, sondern eine Sprache der Verdunkelung. Sprache wird zum Mittel der Täuschung: der Selbsttäuschung, der Täuschung der anderen – und auch der Täuschung des Publikums. Diese Funktionalisierung der Sprache herrscht in Güllen vor, noch bevor Claire Zachanassian eintrifft. Das wird deutlich, wenn der Bürgermeister für seine Empfangsrede die Biografie Claire Zachanassians umdeutet: Aus einem Kartoffeldiebstahl wird „Sinn für Wohltätigkeit", die miserable Schülerin wird zum „Vorbild" erklärt, und das „stark beachtete Gebäude", das Claires Vater errichtet hat, ist nichts anderes als die Bahnhofstoilette (vgl. S. 18 f. und S. 42–44).

Sprache als Mittel der Täuschung

Differenz von Gesagtem und Gemeintem

Über Sprache wird, wie bei der Versammlung im Theatersaal, eine Scheinwelt durch die Differenz von Gesagtem und Gemeintem aufgebaut. Nur selten ist das, was in dieser Komödie gesagt wird, auch so gemeint, wie wir es verstehen (und zunächst verstehen

3.6 Stil und Sprache

sollen). Die Sprache der Figuren ist Spielmaterial des Autors – auch in einem Spiel mit uns. Erst vom Ende des Dramas her erschließen sich manche **Doppeldeutigkeiten** und **Polysemien**, so dass die Begriffe einen anderen Sinn bekommen oder in ihrer eigentlichen Bedeutung erfasst werden können. Anders herum: Die Sprache nimmt auch Ereignisse vorweg, die im Moment des Sprechaktes noch nicht – oder wenn, dann nur untergründig – im Bewusstsein der sprechenden Figur sind (vgl. z. B. den Gebrauch des Wortes „todsicher" im Zusammenhang mit Ills Bedeutung für die Stadt, S. 57).

„Wahrhaftigkeit" der Sprache wird man am ehesten noch bei Claire Zachanassian finden, freilich gepaart mit Brutalität und Kaltschnäuzigkeit, so etwa bei der ersten Begegnung mit Ill, wenn er sagt, er sei immer noch der schwarze Panther, und Claire Zachanassian offen und direkt antwortet: „Unsinn. Du bist fett geworden. Grau und versoffen." (S. 26) Und auch die Lobhudeleien des Bürgermeisters stellt sie ohne Umschweife richtig: „... und die Kartoffeln für die Witwe Boll habe ich gestohlen, gemeinsam mit Ill, nicht um die alte Kupplerin vor dem Hungertode zu bewahren, sondern um mit Ill einmal in einem Bett zu liegen ..." (S. 44)

Sprachspiel

Auf der Ebene der Dialogstrukturen kann man drei Hauptformen unterscheiden: das Aneinander-Vorbei-Reden (v. a. zwischen Ill und den Güllenern, weil hier Gesagtes und Gemeintes nicht übereinstimmen); das Miteinander-Reden (diese Form tritt im Gespräch zwischen Ill und Claire auf, nachdem Ill seine Wandlung vollzogen hat); das „Neben-einander-Sprechen" (zwischen den Güllenern). Diese Form ist „elliptisch auf das Minimum des Satzgerüstes reduziert ... Ein Stichwort ergibt eine Kettenreaktion von gleichstimmigen Assoziationen ... Deshalb sagen die Figuren nicht nur dasselbe, sondern setzen den Sprechtext der anderen auch

Dialogformen

3.6 Stil und Sprache

syntaktisch fort."[30] Obwohl mehrere Figuren sprechen, treten diese nahezu wie ein Sprecher auf. Dazu ein kleines Beispiel aus dem ersten Akt:

> „Der Zweite: Der Pfändungsbeamte.
> Der Dritte: Geht das Stadthaus pfänden.
> Der Vierte: Politisch sind wir auch ruiniert." (S. 15)

Sprach- und Denkraum der Güllener

Hier wird deutlich, wie „Der Dritte" den vom „Zweiten" begonnenen Satz syntaktisch vervollständigt; zugleich taucht das Wort „pfänden" in Verdoppelung einmal als Verb und als Bestandteil des Kompositums „Pfändungsbeamter" auf; der „Vierte" bringt durch seinen Satz im Grunde den gleichen Sachverhalt zum Ausdruck (Pfändung = Ruin). Hier gibt es keine Bewegung in der Sprache, kein Widersprechen und keinen Widerspruch, weil ihr „das Bewegende der Dialektik ausgetrieben ist"[31]. Die Güllener bewegen sich in einem Sprachraum und damit auch in einem Denkraum. Es ist deshalb nicht verwunderlich, dass sie dem Angebot Claire Zachanassians (letztlich) keinen Widerspruch und erst recht keinen Widerstand entgegensetzen. Die Uniformität des Sprechens nimmt die Uniformität ihres Denkens und (späteren) Handelns vorweg.

Dürrenmatt ist ein Sprachvirtuose

Dies hat nun aber nicht zur Folge, dass die Sprache des Dramas insgesamt uniform (gleichförmig) ist. Dürrenmatt erweist sich einmal mehr als jemand, der das Instrument Sprache virtuos zu nutzen versteht. Davon zeugen die eingesetzten sprachlich-stilistischen Mittel, von denen hier einige behandelt werden sollen, die aber immer in ihrer Funktionalität im konkreten Zusammenhang zu betrachten sind.

---

30 Frizen, S. 88
31 Ebenda

3.6 Stil und Sprache

Zum sprachlichen Arsenal der Komödie gehören neben den bereits genannten Doppeldeutigkeiten (oder Mehrdeutigkeiten) auch:

sprachliche Paradoxien	Zugführer: Die Notbremse zieht man nie in diesem Lande, auch wenn man in Not ist. (S. 22)
Wortspiele	Polizist: Untersuchen wir den Fall nüchtern. (S. 62)
	Während der gesamten Szene trinkt der Polizist aber Bier.
Anspielungen	Bürgermeister: Meine Enkelkinder, gnädige Frau, Hermine und Adolfine. (S. 29); vgl. Hermann Göring/Adolf Hitler.
Kalauer	Zachanassian: Drücken Sie hin und wieder ein Auge zu?
	Polizist: Das schon, gnädige Frau. Wo käme ich in Güllen sonst hin?
	Zachanassian: Schließen Sie lieber beide. (S. 28) Hinweis: Auch Toten schließt man die Augen!
groteske Wendungen	Zachanassian: Reich mir mein linkes Bein herüber, Boby.
	Boby: Ich kann es nicht finden.
	Zachanassian: Hinter den Verlobungsblumen auf der Kommode. (S. 52)
Ironie	Bürgermeister: Sie haben schließlich zwei Burschen zum Meineid angestiftet und ein Mädchen ins nackte Elend gestoßen.
	Ill: Dieses nackte Elend bedeutet immerhin einige Milliarden, Bürgermeister. (S. 70)

3.6 Stil und Sprache

Stilbrüche	Zachanassian: Ein schöner Herbstmorgen. Leichter Nebel in den Gassen, ein silbriger Rauch, und darüber ein veilchenblauer Himmel, wie ihn Graf Holk pinselte, mein dritter, der Außenminister. Beschäftigte sich mit Malerei in den Ferien. Sie war scheußlich. ... Der ganze Graf war scheußlich. (S. 55)
Sentenzen	Der Zweite: Für Geld kann man eben alles haben. (S. 59)
Phrasen	Polizist: Wir sind schließlich an die Gesetze gebunden. (S. 62)
Jargon	Polizist: Steh auf, du Schwein. (S. 129)
Lyrismen	Ill: Wolkenungetüme am Himmel, übereinandergetürmt wie im Sommer. Ein schönes Land, überschwemmt vom Abendlicht. (S. 111)
	Hinweis: Lyrismen kennzeichnen die Gespräche zwischen Ill und Claire, in denen sie sich ihre Jugendzeit in Erinnerung rufen. Das Lyrische kontrastiert in diesen Szenen mit der nur simulierten Natur (komisch-parodistischer Effekt).
Pathetisches Sprechen	Gatte VIII.: Keine Größe, keine Tragik. Es fehlt die sittliche Bestimmung einer großen Zeit. (S. 73)
Imperative	Zachanassian: Gib ihm tausend, Boby. ... Gib ihm dreitausend. ... Dann gründen Sie eine." (alle drei S. 23) Imperative kennzeichnen die Sprache Claire Zachanassians, denn sie weiß, was sie will (deshalb Verzicht auf das Ausrufezeichen am Ende.) Ihre Sprache weist kaum einmal Hypotaxen auf, sondern beschränkt sich nahezu auf Hauptsätze und deren Reihung (Parataxen).
Ellipsen	Zachanassian: Zachanassians Lieblingsstück. Er wollte es immer hören. Jeden Morgen." (S. 54)

3.6 Stil und Sprache

Verdoppelungen	Sie sind zunächst nur kennzeichnend für die Sprache der beiden blinden Eunuchen. Die Figur der Verdoppelung wird ab dem II. Akt auch Sprachfigur der Güllener in Form der Wiederholung:
	Der Dritte: Das ganze Städtchen.
	Der Vierte: Das ganze Städtchen.
	In der Form der direkten Verdoppelung:
	Alle: Eine gute Reise, eine gute Reise." (S. 82 f.) Die Güllener werden zu moralischen und sprachlichen Eunuchen. Das Denken der Güllener ist, wie ihre Sprache, „kastriert", sie sind geistig „entmannt", und sie sind blind für ihr Tun und ihre Schuld.

3.7 Interpretationsansätze

3.7 Interpretationsansätze

ZUSAMMENFASSUNG

Folgende Interpretationsansätze werden näher dargestellt:
- Die „tragische Komödie"
- Die Wandlung Ills zum mutigen Menschen
- Der Verlust der Liebe und der moralischen Werte
- Die Bezüge und Unterschiede zur griechischen Tragödie
- Die fehlende Lösung im Kontext der Theaterauffassung Dürrenmatts

Zur Gattung: Die „tragische Komödie"

In *Theaterprobleme* hatte Dürrenmatt zur Gattung Komödie ausgeführt:

Dürrenmatts Auffassung vom mutigen Menschen

„Nun liegt der Schluß nahe, die Komödie sei der Ausdruck der Verzweiflung, doch ist dieser Schluß nicht zwingend. Gewiß, wer das Sinnlose, das Hoffnungslose dieser Welt sieht, kann verzweifeln, doch ist diese Verzweiflung nicht eine Folge dieser Welt, sondern eine Antwort, die er auf diese Welt gibt, und eine andere Antwort wäre sein Nichtverzweifeln, sein Entschluß etwa, die Welt zu bestehen ... Auch der nimmt Distanz, auch der tritt einen Schritt zurück, der seinen Gegner einschätzen will, der sich bereit macht, mit ihm zu kämpfen oder ihm zu entgehen. Es ist immer noch möglich, den mutigen Menschen zu zeigen. Dies ist denn auch eines meiner Hauptanliegen."[32]

---

32 Dürrenmatt, *Theaterprobleme*, S. 109

3.7 Interpretationsansätze

Aus der von Dürrenmatt hier vorgenommenen Bestimmung der Komödie lässt sich die Frage ableiten, ob Ill überhaupt als ein solcher *mutiger Mensch* verstanden werden kann. Der Autor selbst hat in den *Erläuterungen* zu seinem Stück darauf hingewiesen, wie die Figur gesehen werden soll.

> „Ist Claire Zachanassian unbewegt, eine Heldin, von Anfang an, wird ihr alter Geliebter erst zum Helden. Ein verschmierter Krämer, fällt er ihr zu Beginn ahnungslos zum Opfer; schuldig, ist er der Meinung, das Leben hätte von selber alle Schuld getilgt; ein gedankenloses Mannsbild, ein einfacher Mann, dem langsam etwas aufgeht, durch Furcht, durch Entsetzen, etwas höchst Persönliches; an sich erlebt er die Gerechtigkeit, weil er seine Schuld erkennt, er wird groß durch sein Sterben …" (S. 143)

Ill wird „groß durch sein Sterben" (S. 143).

Ills Mut besteht, folgt man Dürrenmatts Äußerungen zu seiner Figur, im Schuldanerkenntnis, das ihn der Gemeinde der Güllener gegenüber auszeichnet und ihn erhöht. Dürrenmatt operiert in der Beschreibung Ills mit Begriffen, die der Gattung Tragödie zuzurechnen sind (Held, Schuld sowie Furcht und Entsetzen in Anspielung auf die kathartische „Reinigung durch Furcht und Schrecken"). Auch durch den Untertitel des Dramas (*Eine tragische Komödie*) schlägt Dürrenmatt einen Bogen von der Komödie zur Tragödie.

Schuldanerkenntnis

Deshalb sind zum Begriff des „Tragischen" im Zusammenhang mit *Der Besuch der alten Dame* einige Hinweise nötig.[33] Stellt man

Zum Begriff des „Tragischen": Ödipus und Ill

---

[33] Vgl. zu diesem Abschnitt Eberhard Hermes: *Abiturwissen Drama*. Stuttgart: Klett, 2. Aufl. 1990, S. 135–138 und Bernd Matzkowski: *Erläuterungen zu Sophokles, König Ödipus*. Hollfeld: C. Bange, 2002 (Königs Erläuterungen 46), besonders S. 83–89

3.7 Interpretationsansätze

Autonomie und göttliche Autorität

Ill einer „klassischen" tragischen Gestalt des griechischen (oder kultischen) Tragödientyps gegenüber, zu der Dürrenmatt Bezüge bewusst herstellt, etwa dem Ödipus des Sophokles, so ergeben sich deutliche Unterschiede. Ill bewegt sich, ganz im Gegensatz zu Ödipus, nicht auf einer Grenzlinie zwischen Freiheit und Notwendigkeit. Ödipus entscheidet sich dafür, sein (vermeintliches) Elternhaus zu verlassen, um keine Schuld auf sich zu laden (Inzest/Vatermord) und lädt gerade durch diesen Entschluss – unwissentlich – Schuld auf sich. Er wird – ein Scheinparadoxon – schuldlos in Schuld verstrickt. Ill aber hat (als eine der Handlungsvoraussetzungen) wissentlich Schuld auf sich geladen, weil er, schnöden materiellen Interessen folgend, nämlich um in den Besitz des Krämerladens seiner späteren Frau zu kommen, seine Liebe zu Klara Wäscher verraten hat. Er hat das Elend, in das Klara gestoßen wurde, dabei willentlich in Kauf genommen (bestochene Zeugen im Prozess, Verjagung aus dem Dorf).

Ödipus bewegt sich, auch hier wieder ganz im Gegensatz zu Ill, auf einer Grenzlinie zwischen Autonomie und göttlicher Autorität. Ödipus trifft seine Entscheidungen selbst, er folgt eigenen Beweggründen und Zwecken – und gerade dadurch setzt er den Willen der Götter um, schreitet in sein vom Schicksal vorherbestimmtes Verhängnis.

Ill handelt in eigener Verantwortung

Ganz anders Ill. Sein unverantwortliches Handeln (der Verrat an Klara) erfolgt in eigener Verantwortung, nicht als vom Schicksal vorgezeichneter Weg ins Leid. Von daher ergibt sich auch ein deutlicher Kontrast, wenn man die Konsequenzen, die sich an den Figuren vollziehen, betrachtet (Selbstblendung und Verbannung bei Ödipus/Tod Ills). Bei Sophokles werden, einfach gesagt, die Götter wieder in ihr Recht gesetzt, ihre Allmacht gegenüber den Menschen wird am Schicksal eines „Großen" gezeigt, Ödipus' „Opfer" erscheint somit nicht als sinnlos. Der Tod Ills geht einher

3.7 Interpretationsansätze

mit Unrecht, von den Güllenern allerdings zur Gerechtigkeit stilisiert. „Ills Opfer wird (dadurch) nachträglich desavouiert, sein Sinn ins Gegenteil verkehrt durch die Kommentare und Handlungen einer Mitwelt, die das Pendant des Heldentums, eine der Gesinnung des Helden korrespondierende Bewusstseinsbeschaffenheit vermissen lässt. An die Stelle der tragischen Reinigung der mythischen Polis tritt in Güllen die Befleckung, an die Stelle der Erneuerung die Fortführung der altgewohnten ‚Wurstelei'."³⁴ So lässt sich auch Dürrenmatts Hinweis verstehen, Ills Tod sei „sinnvoll und sinnlos zugleich. Sinnvoll allein wäre er im mythischen Reich einer antiken Polis ..." (S. 143)

Die Gegeninstanz zum Helden, die allgegenwärtigen Götter, fehlt in Dürrenmatts Stück ebenfalls. Auch Claire Zachanassian kann nicht als personifiziertes Schicksal oder Schicksalsgöttin gelten. Vielmehr muss sie, folgt man dem Verständnis des Autors, als das gesehen werden, was sie ist, nämlich als die „reichste Frau der Welt" (S. 142). Durch Claire Zachanassian wird kein göttlicher Plan vollzogen, es wird noch nicht einmal, auch wenn der Begriff im Stück immer wieder fällt und Claire Zachanassian ihn für sich in Anspruch nimmt, Gerechtigkeit wiederhergestellt. Es geht um eine Rache, die – gut geplant und minutiös umgesetzt – an Ill exekutiert wird. „Wenn wir in Claire Zachanassian nicht so etwas wie eine strafende Gottheit sehen – aber dazu müsste das Stück reine Mythologie sein – kommt für ihre Vergeltung nur der Begriff der Rache in Betracht."³⁵

Das Fehlen der Götter

Das „Tragische" an Dürrenmatts Komödie kann also schwerlich an den Figuren (Ill) festgemacht werden. Gleichwohl lassen sich

Analytisches Drama

---

34 Ebenda, S. 65 f.
35 Eberhard Schmidhäuser: *Verbrechen und Strafe. Ein Streifzug durch die Weltliteratur von Sophokles bis Dürrenmatt.* München: Beck, 2. Aufl. 1996, S. 201

3.7 Interpretationsansätze

auf der Ebene der Struktur, der Bauweise, Elemente eines klassischen Dramas entdecken. Wie die Tragödie *König Ödipus* von Sophokles ist Dürrenmatts *Der Besuch der alten Dame* als **analytisches Drama** angelegt; die Handlungsvoraussetzungen liegen, wie im Ödipus-Drama, (zeitlich) weit vor Einsetzen der Bühnenhandlung und werden im Laufe der Handlung ins Stück geholt und wie bei einem Puzzle zusammengesetzt, um sich in ihren letzen Auswirkungen zur Katastrophe zuzuspitzen. Und wie im *König Ödipus* erst im 4. Epeisodion das Rätsel von Ödipus' Herkunft endgültig gelöst und dadurch seine Verstrickung in Schuld offensichtlich wird, so erfahren wir in Dürrenmatts Stück erst im Dritten Akt, genauer im letzten Gespräch zwischen Claire und Ill, die wirklichen Beweggründe für Claires Handeln, nämlich ihre durch Ill enttäuschte Liebe:

Verstrickung in Schuld

Claire will die Vergangenheit verändern

„Ich liebte dich. Du hast mich verraten. Doch den Traum von Leben, von Liebe, von Vertrauen, diesen einst wirklichen Traum habe ich nicht vergessen. Ich will ihn wieder errichten mit meinen Milliarden, die Vergangenheit ändern, indem ich dich vernichte." (S. 117)[36]

Dass Dürrenmatt sein Stück mit einem Chorlied abschließt, einem Strukturelement des griechischen Dramas, stellt einen weiteren

---

[36] Diese Passage gehört zu den Änderungen, die Dürrenmatt am Text vorgenommen hat. In einer früheren Fassung heißt es an dieser Stelle: „Deine Liebe ist gestorben vor vielen Jahren. Meine Liebe konnte nicht sterben. Aber auch nicht leben. Sie ist etwas *Böses* geworden wie ich selber, wie die bleichen Pilze und die blinden Wurzelgesichter in diesem Wald, überwuchert von meinen goldenen Milliarden. Die haben nach dir gegriffen mit ihren *Fangarmen*, dein Leben zu suchen. Weil es mir *gehört*. Auf ewig. Bald wird nichts mehr bleiben als *ein toter Geliebter in meiner Erinnerung*, ein mildes Gespenst in einem zerstörten Gehäuse." (Dürrenmatt: *Der Besuch der alten Dame*. Zürich: Arche, 1956, S. 88, (Hervorhebungen nicht im Original). In der ursprünglichen Fassung geht es nicht um einen Traum, der weitergeträumt werden soll, sondern nur noch um die Erinnerung an einen toten Geliebten, der eingefangen und in Besitz genommen wird von einer Frau, deren Liebe so böse ist wie sie selbst.

3.7 Interpretationsansätze

Bezugspunkt zur klassischen Tragödie her, wobei eine Parallele auch darin zu sehen ist, dass bei Dürrenmatt die Güllener selbst die Mitglieder des Chores stellen, wie ja auch in der griechischen Tragödie der Chor von Athener Bürgern gestellt wurde. Allerdings hat diese Chorpassage zunächst einmal parodistischen Charakter.[37] Mit klassischen Formelementen wird hier gespielt, wie Dürrenmatts Drama *Der Besuch der alten Dame* mit mythologischer Größe bzw. Mythologisierungen überhaupt spielt, so etwa wenn der Lehrer Claire Zachanassian mit einer griechischen Schicksalsgöttin, einer Heldin der Antike und mit Medea vergleicht. Die tragikomischen Formelemente und Anspielungen auf den Mythos werden so zur Parodie, ohne sich allerdings darin zu erschöpfen. Sieht man nämlich das Verhalten der Güllener, die um des Geldes wegen einen Mord begehen, auf dem Hintergrund des Chorliedes aus der *Antigone* des Sophokles, so kann dieses Lied als Kontrastfolie dienen, die die Verblendung, die Anmaßung der Güllener erst recht deutlich macht. Dürrenmatts Komödie erscheint dann als ein

Parodie

Spiel mit Formelementen

> „,Gegenentwurf', eine Konfrontation einzelner tragischer Elemente mit einer ,heruntergekommenen' Welt, die diesen Elementen die Rundung zur ,Tragödie' verwehrt. Die Möglichkeiten der Tragödie (bzw. des kultischen Tragödientyps, auf den sich Dürrenmatt hier bezieht) sind zusammengeschmolzen auf einen erbärmlichen Rest, auf eine Schwundstufe, in der als Tragödie höchstens noch die Unausführbarkeit der Tragödie gelten kann."[38]

Die Tragodie in einer heruntergekommenen Welt

---

[37] Vgl. Hans-Dieter Reeker (Hrsg.): *Sophokles, Antigone*. Stuttgart: Klett, 1998, Vers 332–375.
[38] Profitlich, S. 66; zum Chorlied siehe ausführlicher weiter unten.

3.7 Interpretationsansätze

Ills Wandlung zum mutigen Menschen

In den *Theaterproblemen* hatte Dürrenmatt darauf beharrt, dass es immer noch möglich sei, „den mutigen Menschen zu zeigen", und dass dies eines seiner „Hauptanliegen" sei. In der Brust dieser mutigen Menschen, so Dürrenmatt, würde „die verlorene Weltordnung ... wiederhergestellt"[39]. Eine Auseinandersetzung mit Dürrenmatts Drama *Der Besuch der alten Dame* könnte der Frage nachgehen, ob am Ende des Dramas in Ills Brust tatsächlich die verlorene Weltordnung wiederhergestellt ist. Die Beantwortung dieser Frage setzt nun allerdings voraus, dass die Weltordnung selbst verlorenen gegangen ist. Dies ist unzweifelhaft im Örtchen Güllen der Fall. Die „Werte des Abendlandes", auf die die Güllener bzw. ihre Repräsentanten sich berufen, sind zu Phrasen verkommen, sind lediglich Versatzstücke einer Ideologie, die ein Verbrechen als Wohltat ausgibt. Die politisch-parlamentarischen Institutionen versagen ebenso wie die Justiz, die Presse und die Kirche. Und die Bildungsgüter, namentlich die Klassiker der Literatur, sind zu oberflächlichen Zeichen geworden, auf die man sich umso heftiger beruft und die man umso häufiger zitiert, je weiter man sich von den in ihnen geronnenen Werten und Verhaltensmustern entfernt. Dieser Entwicklung der Güllener steht die Entwicklung Ills gegenüber. Vom Lügner, Schmeichler und Opportunisten entwickelt er sich zu einem mutigen Menschen, der sich seiner Verantwortung stellt. Ill überwindet seine Angst, „er anerkennt die alte, ungesühnte Schuld und stellt sich mutig dem Tod. Diese Wandlung, dieser ‚Durchbruch zur Größe'"[40] lässt Ill zum „Antipoden der Güllener" werden. Und für diese Rolle des Antipoden wählt Dürrenmatt den

Verlust der Weltordnung

Bildungsgüter werden missbraucht

---

[39] Dürrenmatt, *Theaterprobleme*, S. 109
[40] Urs Jenny: *Friedrich Dürrenmatt*. Hannover: Velber, 1973, S. 69

3.7 Interpretationsansätze

„Allerbanalsten, einen moralisch schmuddligen Kleinbürger, der nicht nur begabt ist, die andern zu belügen, sondern auch, und vor allem, sich selbst zu belügen – was doch wohl die Eigenschaft ist, die der tragischen Erkenntnis am stärksten im Wege steht. ... Ills Weg ist sehr viel weiter als der Weg zwischen der Milliardärin und Güllen, oder richtiger gesagt: Hier ist nur eine Entgegensetzung, dort eine innere Auseinandersetzung. Die Entdeckung, die uns Dürrenmatt hier beschert, ist, dass er auch dem Unscheinbaren dramatische Gewalt abgewinnen kann."[41]

Aus dem Unscheinbaren dramatische Gewalt gewinnen

Warum kann Ill aber diese Rolle des Antipoden überhaupt einnehmen, warum kann Dürrenmatt, wie Brock-Sulzer es formuliert, dem Unscheinbaren dramatische Gewalt abgewinnen?

Der Tod Ills

Ill kann diese Rolle einnehmen, weil er – im Gegensatz zu den Güllenern – die Vergangenheit nicht verdrängt, weil er die Umstände, unter denen Klara, die heutige Claire Zachanassian, das Dorf Güllen verlassen musste, nicht leugnet und weil er sich zu seiner Schuld öffentlich bekennt. Im Gespräch mit dem Lehrer sagt er: „Ich habe Klara zu dem gemacht, was sie ist ..." (S. 102) Mit seinem Tod stellt Ill also die Ordnung in seiner Brust wieder her – allerdings auch nur dort.

„Ills Tod ist jedoch kein Tod, der die Gemeinschaft erlöst, wie es noch im griechischen Drama möglich war. Letztlich ist sein Tod sogar sinnlos, denn er geht nicht in einem größeren Ganzen auf, durch ihn wird nicht die Existenz eines höheren Wertes abgesichert. ... Ills Tod, indem er ‚sinnvoll' nur für ihn selbst bleibt, bringt nicht die kathartische Wirkung des Heldentodes

Keine Katharsis

---

[41] Brock-Sulzer, *Friedrich Dürrenmatt*, S. 84

3.7 Interpretationsansätze

im aristotelischen Drama hervor. Sein Heldentum ... stellt eine mögliche, ehrliche und egozentrische Antwort auf die Situation der Ausweglosigkeit und Verzweiflung dar, die darauf verzichtet, die Ideale der Humanität als Vorwände zu bemühen."[42]

König Ödipus

In dem Umstand, dass Ill zwar sich erlöst, nicht aber die Gemeinschaft, ist ein wesentlicher Unterschied zu den Protagonisten der griechischen Tragödie zu sehen. Deren Schicksal vollzieht sich gerade in einem Denk- und Werteraum, dessen Existenz durch ihr Scheitern nachhaltig unterstrichen wird, wogegen sich Ills Schicksal in einer Gesellschaft vollzieht, die sich von ihren geistig-sittlichen Fundamenten längst verabschiedet hat. In Sophokles' Drama *König Ödipus* strafen die Götter die Stadt Theben durch die Unfruchtbarkeit der Felder, durch Feuer und Pest, weil eine alte Schuld (die des Ödipus) ungesühnt ist. Ödipus ist es nun selbst, der den Prozess der Erkenntnis und Selbsterkenntnis vorantreibt, bis er seine schuldhafte Verstrickung (Vatermord, Inzest) erkennt

Die Ordnung wird wiederhergestellt

und sühnt. Durch seine Sühne wird die Ordnung (das Leben im Einklang mit den Göttern) wiederhergestellt – die Götter ziehen ihre strafende Hand von Theben ab. Für die Gülleneer beginnt mit dem Tod Ills recht eigentlich erst die Hölle auf Erden – freilich überglänzt von den Segnungen des materiellen Wohlstands und des wirtschaftlichen Aufschwungs. Manfred Durzak greift diesen Aspekt des Dramas auf, wenn er schreibt:

Das „Welt-Happy-End"

„Das ‚Welt-Happy-End', in das Dürrenmatt sein Stück einmünden lässt, stellt geradezu die Umkehrung jener reinigenden Wirkung dar, die auf die Katastrophe in der antiken Tragödie folgt. Während sich am Ende von Sophokles' ‚Antigone' der

---

42 Große, S. 76

3.7 Interpretationsansätze

"Blick auf die rätselhafte göttliche Ordnung und die moralische Größe des Menschen öffnet, wird bei Dürrenmatt jede als Katharsis zu bezeichnende Wirkung absorbiert. ... Die Gesetze des Konsums haben die moralischen Gesetzmäßigkeiten ersetzt."[43]

Der Verlust der Liebe

Dieses Leben, das zeigt das Stück auch, ist ein Leben, das auf ökonomische Beziehungen reduziert ist, ein Leben, in dem die Menschen dem Fetisch Ware huldigen und diesem Fetisch Ware und dem Götzen Geld ein Opfer gebracht haben, nämlich Ill. Ihr Verrat an den Werten des Abendlandes und die Ermordung Ills sind ihr Götzendienst. Der materielle Überfluss, szenisch im Stück durch die Anhäufung von Produkten und durch Kauf- und Verkaufstransaktionen signalisiert, steht dem Verlust einer zentralen menschlichen Kategorie gegenüber: dem Verlust der Liebe. Schon die Liebe zwischen Klara und Ill war von Ill auf dem Altar schnöder materieller Interessen geopfert worden (der Krämerladen); für Klara wurde Liebe zu einer käuflichen und bezahlten Dienstleistung; Claire Zachanassians Verschleiß an Männern ist nichts anderes als die Umkehrung ihrer einstigen Prostituiertenrolle: Wie sie einst von Männern gekauft wurde, so macht sie Männer jetzt zu Gegenständen ihres Inventars – mit einer Nummer versehen und jederzeit austauschbar. Claire Zachanassians Liebe zu Ill ist nur noch als versteinerter Traum möglich (das Mausoleum). Mit Hilfe ihrer Milliarden will Claire Zachanassian den Verrat in der Vergangenheit ungeschehen machen, den einstigen Traum von der Liebe vergegenwärtigen und in die Zukunft verlängern. Der Tod Ills ist die Voraussetzung, um diesen Traum träumen zu können;

Verrat an den Werten des Abendlandes

Der Götze Geld

---

43 Durzak, S. 97

3.7 Interpretationsansätze

als Ill tot am Boden liegt, betrachtet Caire Zachanassian sein Gesicht lange und regungslos, um dann aber zu sagen: „Er ist wieder so, wie er war, vor langer Zeit, der schwarze Panther." (S. 131)

Geld versus Liebe

Aber nicht nur die exzentrische Multimillionärin steht für die verloren gegangene Liebe. Der Alltag der Güllener spiegelt die Verhältnisse der Zachanassian wider – nur auf niedrigerem (materiellen) Niveau. Was Claire Zachanassian bereits hat, nämlich Geld, möchte z. B. auch Ills Frau gerne haben. Liebe hat in ihrer Beziehung zu Ill offensichtlich keinen Stellenwert mehr – ob sie ihn jemals hatte, kann nicht entschieden, darf zumindest aber stark bezweifelt werden. Für Ills Frau ist Ill nur noch ein Hindernis auf dem Weg in den neuen Wohlstand, in dem sie sich zwischen einem neuen Auto, neuen Schuhen und einer neuen Ausstattung des Ladens einrichten möchte. Ills Frau spiegelt am Ende der Bühnenhandlung Ills Verhalten von einst – wie er sie heiratete, um den Laden zu bekommen (Verrat an der Liebe zu Klara), so verrät sie jetzt ihren Mann, um an das von Zachanassian versprochene Geld zu kommen und am Wohlstand partizipieren zu können. Wilhelm Große schreibt über das Fehlen der Liebe im *Besuch*:

Über das Fehlen der Liebe

„Alle Werte versagen, kein Wert ist dagegen gefeit, pervertiert zu werden, das zeigt sich vor allem an dem humanistischen Lehrer. Im Gegenteil, der Humanismus lässt sich leicht zur Kaschierung des Inhumanen missbrauchen. Einzig die Liebe wäre ein sicherer Wert, aber sie wird von keiner Person im Drama gelebt, weder in der Gegenwart noch in der Vergangenheit."[44]

Keine wirkliche Liebe

Wenn es in Dürrenmatts *Besuch der alten Dame* an jeglicher Liebesbeziehung fehlt, ja, Liebe nur noch als Zerrbild ihrer selbst vor-

---

44 Große, S. 77

3.7 Interpretationsansätze

handen ist, so bleibt Dürrenmatt sich dabei allerdings in doppelter Weise treu. Das Fehlen wirklicher Liebe können wir auch in anderen Stücken feststellen, so etwa in den *Physikern* zwischen Möbius und seiner Frau Lina. Und auch Romulus und seine Gattin verbindet in *Romulus der Große* kein starkes Liebesband, sondern seine Frau verrät und verlässt ihn. Gleichwohl steht das Thema Liebe im *Besuch der alten Dame* mehr im Vordergrund, weil der Verrat an der Liebe (Ills Verrat an Klara) zu den Handlungsvoraussetzungen gehört und Claire Zachanassian ihr Handeln mit Ills Verrat an ihrer Liebe erklärt:

„Ich liebte dich. Du hast mich verraten. Doch den Traum von Leben, von Liebe, diesen einst wirklichen Traum habe ich nicht vergessen. Ich will ihn wieder errichten mit meinen Milliarden, die Vergangenheit ändern, indem ich dich vernichte." (S. 117)

„Du hast mich verraten." (S. 117)

Zur Auffassung Dürrenmatts vom Theater

Dürrenmatt bleibt sich aber auch in der Hinsicht treu, dass er keinen Lösungsansatz bietet, keine Heilsverkündung ausspricht. Er erweist sich als unerbittlicher, oft auch als zynischer Kritiker der Gegenwart, der eine schonungslose Bestandsaufnahme bietet, der die Verlogenheit und Falschheit entlarvt und nur allzu gern und fast immer treffend die Doppelbödigkeit der Sprache und ihrer Floskeln vorführt. Die Verweigerung einer Lösung, das Fehlen jeglichen Hoffnungsschimmers könnte zu der Auffassung führen, Dürrenmatt sei eine Art Handlungsreisender des Nihilismus, dessen Weltsicht darin bestünde, das Sinnlose und Hoffnungslose der

Verweigerung einer Lösung

3.7 Interpretationsansätze

Absolute Gottesferne

menschlichen Existenz mit den Mitteln des Theaters zu zeigen.[45] Und sicherlich ist es so, dass gerade im Stück *Der Besuch der alten Dame* ein Endzustand mit „totaler Verderbtheit" und „absoluter Gottesferne"[46] gezeigt wird, der die Schlussfolgerung zulässt, die Welt laufe auf einen solchen Endzustand nahezu naturnotwendig zu. Hier sind zwei Einwände zu erheben: Der Autor Dürrenmatt vermag (oder) will keine Lösungen anbieten, die – etwa wie bei Brecht – Möglichkeiten der Veränderung aus dem Arsenal weltanschaulich-ideologisch geprägter Geschichtsauffassung ziehen. Er nimmt, als Verweigerer solcher Lösungsstrategien, vielleicht für sich in Anspruch, was er einige Jahre nach *Der Besuch der alten Dame* im Kontext seines Dramas *Die Physiker* im 17. und 18. Punkt zu den Physikern so formuliert hat: „17: Was alle angeht, können nur alle lösen.

18: Jeder Versuch, eines Einzelnen, für sich zu lösen, was alle angeht, muß scheitern."[47]

Zugleich kann darauf verwiesen werden, dass die oben angeführte Kritik an Dürrenmatt nur dann zutreffend ist, wenn man das „Welt-Happy-End" in Güllen als den möglichen Endzustand der Welt überhaupt auffasst. Sieht man Güllen am Ende des Stückes als Ort absoluter Gottesferne, so ist in der Negation dieses Zustandes eine andere Perspektive immer noch vorhanden, die der Veränderung, Verbesserung und Heilung.

Dürrenmatt und Brecht

Will man sich dem Theater Friedrich Dürrenmatts nähern, so muss nahezu zwangsläufig der Name Brecht fallen. Dies gilt nicht nur im Falle der *Physiker*, die als Zurücknahme des Brecht'schen

---

45 Vgl. hierzu Karl S. Guthke: *Dürrenmatt – Der Besuch der alten Dame*. In: Manfred Brauneck (Hrsg.): Das deutsche Drama vom Expressionismus bis zur Gegenwart. Bamberg: C.C. Buchner, 1977, S. 248
46 Durzak, S. 98
47 Dürrenmatt, *Die Physiker*, S. 92 f.

3.7 Interpretationsansätze

Galilei gelten können, sondern für Dürrenmatts Auffassung vom Theater überhaupt.[48] Unter direktem Bezug auf Dürrenmatt, dessen Namen Brecht bereits im ersten Satz seines Textes *Kann die heutige Welt durch Theater wiedergegeben werden?* nennt, hatte Brecht 1955 noch einmal seinen Standpunkt von der Erkennbarkeit und der Veränderbarkeit der Welt dargelegt und die Rolle des Theaters in diesem Zusammenhang aufgezeigt:

> „Mit Interesse höre ich, daß Friedrich Dürrenmatt in einem Gespräch über das Theater die Frage gestellt hat, ob die heutige Welt durch Theater überhaupt noch wiedergegeben werden kann. ... In einem Zeitalter, dessen Wissenschaft die Natur derart zu verändern weiß, daß die Welt schon nahezu bewohnbar erscheint, kann der Mensch dem Menschen nicht mehr lange als Opfer beschrieben werden, als Objekt einer unbekannten, aber fixierten Umwelt. Vom Standpunkt eines Spielballs aus sind die Bewegungsgesetze kaum konzipierbar. ... Es wird Sie nicht verwundern, von mir zu hören, daß die Frage der Beschreibbarkeit der Welt eine gesellschaftliche Frage ist. ... Und sie werden mir vielleicht darin zustimmen, daß die heutige Welt eine Änderung braucht. Für diesen kleinen Aufsatz, den ich als einen freundschaftlichen Beitrag zu Ihrer Diskussion zu betrachten bitte, genügt es vielleicht, wenn ich jedenfalls meine Meinung berichte, daß die heutige Welt auch auf dem Theater wiedergegeben werden kann, aber nur wenn sie als veränderbar aufgefaßt wird."[49]

Die Frage der Beschreibbarkeit von Welt

---

[48] Der Begriff „Zurücknahme" geht auf Hans Mayer zurück: *Brecht und Dürrenmatt oder Die Zurücknahme*. In: Brauneck (Hrsg.), S. 212–223
[49] Bertolt Brecht: *Kann die heutige Welt durch Theater wiedergegeben werden?* (1955). In: Bertolt Brecht: *Schriften zum Theater. Über eine nicht-aristotelische Dramatik*. Frankfurt am Main: Suhrkamp, 1971 (Bibliothek Suhrkamp 41), S. 7–9

3.7 Interpretationsansätze

Brecht zeigt die Welt als veränderbar

Der Marxist Brecht ging davon aus, dass es in der Gesellschaft – wie auch in der Natur – Bewegungsgesetze gibt und dass diese Bewegungsgesetze der Gesellschaft (bestimmt durch die Entwicklung der Produktionsverhältnisse und Produktivkräfte und der auf ihrer Basis sich entwickelnden Klassenantagonismen) nicht nur erkennbar sind, sondern im Theater beschrieben werden können. Brechts Auffassung ist dabei von einem optimistischen Geschichtsverständnis geprägt, das eine Veränderung der gesellschaftlichen Verhältnisse nicht nur für wünschenswert, sondern auch für möglich hält. Das Theater könne, so Brechts Ansatz, die Bewegungsgesetze der Gesellschaft erhellen, die Gesellschaft als eine veränderbare zeigen und dadurch zu ihrer Veränderung beitragen.

Optimistisches Geschichtsverständnis bei Brecht

Ganz anders Dürrenmatt. Auch er sieht, wie Brecht, die Ungerechtigkeiten dieser Welt, doch ist seine Position weder fortschrittsoptimistisch noch daran interessiert, Möglichkeiten der Veränderung auf dem Theater anzubieten:

Den menschlichen Blickwinkel behalten

„Ich lehne es ab, das Allgemeine in einer Doktrin zu finden, ich nehme es als Chaos hin. Die Welt (die Bühne somit, die diese Welt bedeutet) steht für mich als ein Ungeheures da, als ein Rätsel an Unheil, das hingenommen werden muß, vor dem es jedoch kein Kapitulieren geben darf. Die Welt ist größer denn der Mensch, zwangsläufig nimmt sie bedrohliche Züge an, die von einem Punkt außerhalb nicht bedrohlich wären, doch habe ich kein Recht und keine Fähigkeit, mich außerhalb zu stellen. Trost in der Dichtung ist oft nur allzu billig, ehrlicher ist es wohl, den menschlichen Blickwinkel beizubehalten."[50]

---

[50] Dürrenmatt, *Theaterprobleme*, S. 109 f.

3.7 Interpretationsansätze

Den „Bewegungsgesetzen" bei Brecht steht hier das „Chaos" gegenüber, der Veränderbarkeit der Welt ein „Rätsel an Unheil", das „hingenommen werden muß", wenngleich auch nicht vor ihm zu kapitulieren ist. Eine Doktrin (bei Brecht seine marxistische Geschichtsauffassung), von der aus die Welt beschreibbar und erklärbar wäre, lehnt Dürrenmatt kategorisch ab.

Dürrenmatt: die Welt als Chaos, Rätsel und Unheil

Noch schärfer konturiert Dürrenmatt seine Gegenposition zu Brecht in seiner Mannheimer Rede aus Anlass der Verleihung des Schiller-Preises (1959), in der er sich mit Schiller, aber eben auch mit dem Theater Brechts, auseinandersetzt:

> „Die Welt hat sich nicht so sehr durch ihre politischen Revolutionen verändert, wie man behauptet, sondern durch die Explosion der Menschheit ins Milliardenhafte, durch die notwendige Aufrichtung der Maschinenwelt, durch die zwangsläufige Verwandlung der Vaterländer in Staaten, der Völker in Massen, der Vaterlandsliebe in eine Treue der Firma gegenüber. Der alte Glaubenssatz der Revolutionäre, daß der Mensch die Welt verändern könne und müsse, ist für den Einzelnen unrealisierbar geworden, außer Kurs gesetzt, der Satz ist nur noch für die Menge brauchbar, als Schlagwort, als politisches Dynamit, als Hoffnung für die grauen Armeen der Hungernden."[51]

Rede zur Verleihung des Schiller-Preises 1959

Dürrenmatt nimmt Brechts Auffassung von der Veränderbarkeit der Welt nur noch als (quasi religiösen) Glaubenssatz, tauglich für die Propaganda, aber ohne Möglichkeit der Umsetzung.

Dürrenmatt: Der Welt kommt nur noch die Komödie bei

Von seiner Weltsicht aus bestimmt Dürrenmatt auch die Antwort auf die Frage, welche Art (Gattung, Form) des Dramas die der

---

51 Dürrenmatt, *Schillerrede*, zitiert nach Mayer, S. 220

3.7 Interpretationsansätze

Zeit angemessene ist, und kommt so zur Form der Komödie und ihrer Aufgabe in der Welt:

Dürrenmatt: über die Aufgaben der Kunst

„Doch die Aufgabe der Kunst, soweit sie überhaupt eine Aufgabe haben kann, und somit die Aufgabe der heutigen Dramatik ist, Gestalt, Konkretes zu schaffen. Dies vermag vor allem die Komödie. Die Tragödie, als die gestrengste Kunstgattung, setzt eine gestaltete Welt voraus. Die Komödie … eine ungestaltete, im Werden, im Umsturz begriffene, eine Welt, die am Zusammenpacken ist wie die unsrige. … Die Tragödie setzt Schuld, Not, Maß, Übersicht, Verantwortung voraus. In der Wurstelei unseres Jahrhunderts, in diesem Kehraus der weißen Rasse, gibt es keine Schuldigen und keine Verantwortlichen mehr. Alle können nichts dafür und haben es nicht gewollt. … Schuld gibt es nur noch als persönliche Leistung, als religiöse Tat. **Uns kommt nur noch die Komödie bei.** … Doch ist das Tragische immer noch möglich, auch wenn die reine Tragödie nicht mehr möglich ist. **Wir können das Tragische aus der Komödie heraus erzielen, hervorbringen als einen schrecklichen Moment, als einen sich öffnenden Abgrund** …"[52]

Die schlimmstmögliche Wendung

Hält Brecht, in dialektischer Brechung des vorgefundenen Schlechten, die Hoffnung auf Veränderung zum Guten durch Erkennen und kollektives Handeln bereit, führt Dürrenmatt seine Figuren (und damit auch die Rezipienten) über die „schlimmstmögliche Wendung" bis an den Abgrund, in den wir hineinzublicken vermögen, ohne aber eine Antwort oder eine Lösung parat zu haben oder eine solche Antwort bereitstellen zu können oder zu wollen. Von daher kann man Gestalten seiner Dramen, wie Ill aus *Der Be-*

---

[52] Dürrenmatt, *Theaterprobleme*, S. 108 f., Hervorhebung nicht im Original

3.7 Interpretationsansätze

such der alten Dame, Romulus aus *Romulus der Große* und auch Möbius aus *Die Physiker*, als Einzelne begreifen, die die Verantwortung schultern und zugleich zu tragischen (oder tragikomischen) Figuren werden, weil ihr Handeln sie an den Abgrund führt. Der Abgrund, in den wir mit den Figuren blicken, erscheint deshalb umso entsetzlicher, weil Dürrenmatt seine (oft vitalen) Figuren in groteske Situationen setzt, seine Stücke mit brillanten szenischen Einfällen, den Mitteln des Slapsticks und des Kalauers, der Parodie und der Satire unterfüttert. Dabei hat der Theatermann Dürrenmatt stets auch die Bühnen- und Publikumswirksamkeit seiner Einfälle im Blick:

> „Durch den Einfall, durch die Komödie wird das anonyme Publikum als Publikum erst möglich, eine Wirklichkeit, mit der zu rechnen, die aber auch zu berechnen ist. Der Einfall verwandelt die Menge der Theaterbesucher besonders leicht in eine Masse, die nun angegriffen, verführt, überlistet werden kann, sich Dinge anzuhören, die sie sich sonst nicht so leicht anhören würde. Die Komödie ist eine Mausefalle, in die das Publikum immer wieder gerät und immer noch geraten wird."[53]

Die Komödie als Mausefalle

Die großen Bühnenerfolge, die Dürrenmatt besonders in den 1960er Jahren hat feiern können, deuten darauf hin, dass das Publikum (damals) sich gerne in seinen „Mausefallen" hat fangen lassen.

---

53 Ebenda

4. REZEPTIONSGESCHICHTE

ZUSAMMENFASSUNG

Dürrenmatts *Der Besuch der alten Dame*, im Jahre 1955 geschrieben, wird am 29. Januar 1956 im Schauspielhaus Zürich unter der Regie von Oskar Wälterlin uraufgeführt. Die Hauptrollen spielen Gustav Knuth (Ill) und Therese Giehse (Claire Zachanassian), der Dürrenmatt *Die Physiker* gewidmet hat. Noch im gleichen Jahr erschien das Stück auch in einer Buchausgabe.
Der Besuch der alten Dame wird zum ersten wirklich großen Theatererfolg Dürrenmatts und gilt neben *Die Physiker* als sein gelungenstes Werk, etliche Kritiker halten es für sein bestes Theaterstück überhaupt.

Dürrenmatts Stück *Der Besuch der alten Dame* erobert nach der Uraufführung am 29. Januar 1956 rasch die Bühnen und begründet nicht nur den Weltruhm seines Autors, sondern bringt ihm auch dringend benötigtes Geld ein, um seinen Lebensunterhalt zu bestreiten.

Dürrenmatts Geldsorgen

Im Jahre 1951 hatte sich nämlich das Kabarett „Cornichon" (gegründet 1934), für das Dürrenmatt als Autor tätig war, aufgelöst, so dass eine Einkommensquelle entfallen war. Die Komödie *Die Ehe des Herrn Mississippi* war zunächst vom Verlag abgelehnt worden und wurde erst 1952 veröffentlicht. Dürrenmatt war zu dieser Zeit als Theaterkritiker der *Weltwoche* tätig. Um ein zusätzliches Einkommen zu erzielen, hatte Dürrenmatt für den *Schweizer Beobachter* zunächst *Der Richter und sein Henker* (1950/51) und dann *Der Verdacht* (1951/52) verfasst. Beide Romane erschienen bald nach der Veröffentlichung im „Beobachter" auch als Taschenbücher. Der Publikumserfolg von *Der Besuch der alten Dame* sicherte Dürrenmatt auf finanzieller Ebene endgültig ab.

Der Besuch der alten Dame gehört in den Jahren nach der Uraufführung zum Standardrepertoire aller großen Theater und ist in zahlreiche Weltsprachen übersetzt worden. 1958 kam das Stück in New York auf die Bühne, 1960 in Mailand, und bereits 1964 erschien unter dem Titel *The Visit* eine Filmfassung (20th Century Fox; Regie: Bernhard Wicki, in den Hauptrollen Ingrid Bergmann und Anthony Quinn), die allerdings den Schluss verändert und den Konflikt in „gerührtem Verzeihen" – mit typischem „Hollywood-Happy-End" – ausklingen lässt.[54] Eine Opernfassung (das Libretto erarbeitete Dürrenmatt gemeinsam mit dem Komponisten Gottfried von Einem) wird 1971 in Wien uraufgeführt.

Weltweiter Erfolg

Filmplakat zu *Der Besuch* (*La rancune*; BRD, IT, FR 1963; Regie: Bernhard Wicki) © Cinetext Bildarchiv

---

54 Vgl. Jost, S. 73

5. MATERIALIEN

Die folgenden Materialien ergänzen und erweitern die bisher gegebenen Informationen. Sie sollen die eigenständige Erarbeitung des Dramas unterstützen.

Werner Frizen geht im Kontext der Verweise auf die Antike im Stück den Unterschieden und **Gemeinsamkeiten zwischen Ödipus und Ill** nach und schreibt u. a.:

Verweise auf die Antike	„Ziel des sophokleischen Prozesses ist das Heil der Stadt, das der alten Dame die Apokalypse: Individuum und Kollektiv stehen in einem Wechselverhältnis. Zu Beginn dominiert Ödipus, und Theben ist verseucht, am Ende muss Ödipus das entsühnte Gemeinwesen verlassen. Der scheinbar Situationsmächtige (Ödipus steht auf dem Gipfel seiner Macht; Ill glaubt, Claire ‚im Sack' zu haben) wird durch eine Serie von Beruhigungs- und Fluchtversuchen hindurch so mit einem Ich konfrontiert, dass er der Wirklichkeit nicht mehr entgehen kann: Im einen Fall stellt das Schicksal die bedrohte Ordnung wieder her, im anderen muss ein Wesen von außermenschlichen Dimensionen eingreifen, dem freilich an der moralischen
Ödipus	Ordnung nichts mehr gelegen ist. Im Ödipusschicksal Ills ist die Bewusstseinsgeschichte, die Dürrenmatt zeigen will, aufgehoben: Am Anfang steht das erwachende Ich-Bewusstsein des sophokleischen Ödipus, am Ende das universale Marktgesetz, das dem Ich den Untergang bereitet."[55]

Über die Schwierigkeiten, **Claire Zachanassian** ‚endgültig auf den Begriff zu bringen', äußert sich Wilhelm Große:

---

[55] Frizen, S. 60 f.

"Die mangelnde Homogenität, das Groteske an ihr, macht es unmöglich, Claire endgültig auf den Begriff zu bringen. Sie ist nicht die Verkörperung des Bösen und auch nicht einfach das den Güllenern zugesandte ‚Geschick' oder ihr Schicksal; genausowenig stellt sie als Dame von Welt eine Variante der ‚Frau Welt' dar, wie sie seit dem Mittelalter als allegorische Figur das Theater belebt. Dürrenmatt selbst hat sich gegen eine eindeutig allegorische Auslegung der alten Dame zur Wehr gesetzt, indem er schrieb: ‚Claire Zachanassian stellt weder die Gerechtigkeit dar noch den Marshallplan oder gar die Apokalypse'. Claire Zachanassian entwickelt sich nicht, wie auch fast alle anderen Figuren des Stückes starr bleiben. Sie bewegt sich außerhalb der menschlichen Ordnung, ist etwas Unabänderliches, Starres. Sie ist bar jeder Entwicklung, ‚es sei denn die, zu versteinern, ein Götzenbild zu werden'."[56]

Claire Zachanassian bewegt sich außerhalb der menschlichen Ordnung

Eberhard Schmidhäuser geht u. a. auf **Claire Zachanassian und die Güllener** ein:

"Claire kennt die Menschen. Der erste Teil ihres strategischen Programms ist bereits verwirklicht: Sie hat Güllen in bedrohliche Armut versetzt. Nun kommt sie als Besucherin, um nicht mehr durch allerlei Mittelsmänner, sondern ganz in eigener Person den zweiten Teil ihres Programms zu erfüllen. Sie führt die Güllener sogleich in gewisse Rollen ein und gibt ihnen wesentliche Regieanweisungen: Der Polizist muss beide Augen zudrücken, der Pfarrer zum Tode Verurteilte trösten, der Arzt auf Totenscheinen Herzschlag feststellen, und der Turner wird gefragt, ob er mit seinen Kräften ‚schon jemand erwürgt' hat. Die Schenkung von einer Milliarde stellt Claire völlig offen unter die Bedingung, dass jemand

Geht es Claire um Gerechtigkeit?

---

56 Große, S. 70 f.

Ill tötet. Sie versieht diese Bedingung allerdings mit dem Hinweis, dass es ihr um Gerechtigkeit gehe. Von jeder weiteren Einwirkung sieht sie ab. Sie kann warten, und sie wartet nicht ohne Erfolg. Sie macht den ganzen Ort Güllen zu einer rechtfreien Exklave innerhalb des Staates, in dem Güllen liegt. Die Güllener bringen Ill um und erfüllen damit die von Claire gestellte Bedingung."[57]

Jan Knopf fasst die **Struktur des Dramas** und des darin zum Tragen kommenden „doppelten Prozesses" prägnant zusammen:

Über die Struktur des Dramas

„Das Stück zeigt, obwohl es fortschreitend angelegt ist – die Entwicklung Güllens zur Wohlstandsgesellschaft –, zugleich eine zurückgewendete Struktur, indem es allmählich die Vorgeschichte von Ill und Klara aufdeckt, und zwar nach dem Schema von ‚König Ödipus' von Sophokles: ... Das heißt: Das Drama wird von zwei Strängen, von zwei Handlungen durchzogen – wenn man von der vorausgesetzten, vor der gespielten Zeit liegenden willentlichen Entwicklung der Zachanassian zur Hure absieht, und zwar der kollektiven, fortschreitenden der Güllener Gesellschaft und der privaten, analytischen des Ill; die eine endet tragisch, die andere in der Komödie, im ‚Welt-Happy-Ending'. Indem Ill die Schuld annimmt und sich der nochmaligen Unterwerfung unter die korrupte Gesellschaft entzieht, gehört ihm das Tragische, die noch mögliche Tragik des mutigen Menschen, der ‚die verlorene Weltordnung ... in der Brust wiederherstellt', wie es in den ‚Theaterproblemen' hieß. Tragischer Schluss und Welt-Happy-Ending bedingen einander und stehen im Kontrast."[58]

---

[57] Eberhard Schmidhäuser: *Verbrechen und Strafe. Ein Streifzug durch die Weltliteratur von Sophokles bis Dürrenmatt.* München: Beck, 2. Aufl. 1996, S. 193
[58] Knopf, S. 94 f.

6. PRÜFUNGSAUFGABEN MIT MUSTERLÖSUNGEN

Aufgabe 1 ***

Unter www.koenigserlaeuterungen.de/download finden Sie im Internet zwei weitere Aufgaben mit Musterlösungen.

Die Zahl der Sternchen bezeichnet das Anforderungsniveau der jeweiligen Aufgabe.

Dürrenmatt schreibt in der „Anmerkung 1" zu *Der Besuch der alten Dame* über Alfred III u. a., dass diesem „gedankenlose(n) Mannsbild ... langsam etwas aufgehe, durch Furcht und Entsetzen, etwas höchst Persönliches ...". Und weiter heißt es über III, er erlebe „die Gerechtigkeit, weil er seine Schuld erkennt ..." (S. 143). Nehmen Sie unter Bezug auf Dürrenmatts Drama begründet Stellung zu diesen Ausführungen!

Mögliche Lösung in knapper Fassung:
I. Akt

DIE AUSGANGSSITUATION

Am Anfang des Dramas gilt III in Güllen als die „beliebteste Persönlichkeit" und als Nachfolger des Bürgermeisters (S. 20). Er ist ein anerkanntes Mitglied der Gemeinde, deren Hoffnungen auf eine finanzielle Zuwendung durch Claire Zachanassian ganz wesentlich auf III ruhen („Sie waren mit ihr befreundet, III, da hängt alles von Ihnen ab."; S. 18) Und III will sich dieser Aufgabe stellen, wenn er sagt: „Ich weiß. Die Zachanassian soll mit ihren Millionen herausrücken." (S. 19)

II. Akt
Ill erkennt,

DIE ENTWICK-LUNG ILLS

→ dass die Güllener (trotz anfänglicher gegenteiliger Beteuerungen) einer größer werdende Bereitschaft entwickeln, Zachanassians Angebot anzunehmen (sie machen Schulden, konsumieren auf Pump).
→ dass er immer stärker in die Isolation gerät (die Güllener rücken von ihm ab).
→ dass die Bereitschaft der Güllener, Gewalt gegen ihn anzuwenden, wächst (der schwarze Panther wird vor seiner Tür erschossen, die Bürger bewaffnen sich).
→ dass die Verkoppelung des Spendenangebots mit der Forderung nach seiner Tötung kein makabrer Scherz der Claire Z. ist („Sag doch, daß du Komödie spielst, daß dies alles nicht wahr ist, was du verlangst ... Ich bin zu allem entschlossen, wenn du jetzt nicht sagst, daß das alles nur ein Spaß ist, ein grausamer Spaß."; S.78).
→ dass Claire Z. in Erinnerungen an ihre Liebe lebt und diese Erinnerungen das Antriebsmoment für ihr Handeln sind.
→ dass eine Flucht keine Lösung darstellt.

Die Entwicklung Ills im II. Akt, verbunden mit einer wachsenden Furcht und dem (Er-) Schrecken über die Entwicklung in Güllen, werden in Ills Satz, dem letzten des II. Aktes, zusammengefasst: „Ich bin verloren!" Dieser Satz ist nicht nur Ausdruck der Erkenntnis, dass die Güllener sich darauf vorbereiten, Claire Zachanassians Angebot anzunehmen, sondern drückt mehr aus, nämlich die Anerkenntnis seiner Schuld, symbolisch, aus religiösen Kontexten abgeleitet, dadurch unterstrichen, dass er, zusammengebrochen auf dem Boden liegend, sein Gesicht verdeckt.

III. Akt

Im III. Akt sehen wir Ill bereits als einen Gewandelten. In zerschlissener Kleidung tritt er, nachdem er sich mehrere Tage in seinem Zimmer eingeschlossen hat, vor die Güllener, die im Kontrast zu ihm immer feiner herausgeputzt sind.

Im Gespräch mit dem Lehrer bekennt er: „Ich bin schließlich schuld daran … ich habe Klara zu dem gemacht, was sie ist, und mich zu dem, was ich bin, ein verschmierter windiger Krämer. … Alles ist meine Tat …" (S. 102 f.) Im letzten Gespräch mit Claire Zachanassian gesteht er ein, dass sein Leben „sinnlos" war (S. 117). Und er bekennt sich zu seiner Schuld und der nicht getragenen Verantwortung, wenn er zu Claire sagt: „Du hattest – ich meine, *wir* hatten ein Kind." (S. 115, Hervorhebung im Original)

Durch eine Untersuchung der Entwicklung Ills lässt sich Dürrenmatts Aussage bestätigen. Er zeichnet mit Ill einen Menschen, der sich seiner Verantwortung (gegenüber der schwangeren Claire) entzogen hat, der Unrecht auf sich geladen hat (Falschaussagen im Vaterschaftsprozess durch von Ill bestochene Zeugen), der um eines materiellen Vorteils wegen (Krämerladen) seine Liebe zu Claire verraten hat, der ein oberflächliches Leben geführt hat, der sich zunächst durch Lügen und Schmeicheleien seiner Verantwortung zu entziehen versucht, der aber, gedrängt durch die sich ändernden Verhältnisse und durch die Erinnerungen der Claire Z., an einen Wendepunkt kommt, der ihn Ein-Sicht erlangen lässt. Diese Ein-Sicht führt ihn dazu, dass er letztlich seinem Tod gelassen gegenüber tritt:

STELLUNGNAHME ZUM ZITAT

„*DER PFARRER Sie fürchten sich nicht?*
ILL Nicht mehr sehr." (S. 128)

| 1 SCHNELLÜBERSICHT | 2 FRIEDRICH DÜRRENMATT: LEBEN UND WERK | 3 TEXTANALYSE UND -INTERPRETATION |

Aufgabe 2 *

> Weisen Sie unter Bezug auf Dürrenmatts Drama nach, dass der I. Akt Elemente der Exposition und der steigenden Handlung (II. Akt eines klassischen Dramas) enthält!

Mögliche Lösung in knapper Fassung:
Der I. Akt des klassischen Dramas

VORAUSSETZUNG

In Anlehnung an Gustav Freytags Überlegungen zum klassischen (aristotelischen) Drama ergibt sich für das 5-Akt-Schema ein pyramidal-axialer Aufbau, in dem den einzelnen Akten (idealtypisch) bestimmte Funktionen zugeordnet sind. Der I. Akt dient der Exposition: Einführung in Ort und Zeit der Handlung und die Atmosphäre; die wichtigsten Figuren werden eingeführt; die Handlungsvoraussetzungen (Geschehnisse vor Beginn der Bühnenhandlung) werden geklärt und der Konflikt wird angedeutet.

DIE UMSETZUNG IN DÜRRENMATTS DRAMA

Der I. Akt enthält **zahlreiche Elemente** der Exposition:

→ Der Handlungsort (Güllen) wird eingeführt (zentraler Handlungsort ist der Güllener Bahnhof).
→ Alle wesentlichen Figuren werden eingeführt.
→ Die Zeit wird skizziert (ohne konkrete Jahresangabe).
→ Wesentliche Elemente der Handlungsvoraussetzungen werden geklärt: Beziehung Claire-Ill, Herkunft und Werdegang Claires, Gerichtsprozess mit falschen Aussagen, der Verrat Ills, Vertreibung Claires, ihr Aufstieg, Vorbereitung der Wiederkehr, wie etwa Anstellung des Richters, der „Monstren", der Zeugen etc.).
→ Der Konflikt wird benannt: Gerechtigkeit gegen Geld (Ermordung Ills).

→ Besonderheit: Teilelemente der Handlungsvoraussetzungen werden erst im III. Akt aufgedeckt. Dies betrifft einerseits die von Claire Zachanassian bewusst betriebene Verarmung des Ortes durch den Aufkauf und die Ruinierung der im Ort vorhandenen Werke und Einrichtungen (Bockmann-Werke, Hütte „Platz an der Sonne"). Dieses Teilelement wird im Gespräch zwischen dem Lehrer und dem Arzt und Claire Zachanassian eingeführt. Zudem wird andererseits ein Teil der persönlichen Vorgeschichte Claire Zachanassians geklärt (Geburt und Tod der Tochter/Gespräch mit Ill).

Der I. Akt enthält bereits ein **steigerndes Moment**

Das Angebot der Claire Zachanassian wird durch den Bürgermeister zunächst zurückgewiesen („Ich lehne im Namen der Stadt Güllen das Angebot ab."; S. 50) Darauf antwortet Claire Zachanassian lapidar: „Ich warte." (ebenda) Nicht nur allein die Tatsache, dass das letzte Wort im I. Akt Claire Zachanassian gehört, trägt zur Spannungssteigerung bei, weil hier bereits deutlich wird, durch wen der Gang der Handlung letztlich an- und vorangetrieben wird. Mit diesem Satz wird zugleich das Motiv der Zeit (über das Warten) mit dem Todesmotiv verknüpft, das im I. Akt mehrfach aufgerufen wird: so fragt Claire Zachanassian den Arzt, ob er Totenscheine ausstelle (vgl. S. 30), den Turner fragt sie, ob er mit seinen Händen schon einmal jemanden erwürgt habe (vgl. S. 41). Ill findet diese Fragen Claire Zachanassians noch zum „Totlachen" (S. 41), nach der von Zachanassian genannten Bedingung („Ich gebe euch eine Milliarde und kaufe mir dafür die Gerechtigkeit."; S. 45) herrscht allerdings „Totenstille" (ebenda, ebenso „Totenstille" auf S. 49).

STEIGERNDES MOMENT IM I. AKT

Der I. Akt in Dürrenmatts Stück hat eine expositorische, aber auch bereits die Spannung steigernde Funktion. Er übernimmt

FAZIT

somit auch Funktionselemente des II. Aktes eines klassischen Dramas. Zugleich enthält der II. Akt den Höhe- und Wendepunkt (Szene am Bahnhof mit Ills Satz:„Ich bin verloren."; S. 85). Im III. Akt werden endgültig alle Handlungsvoraussetzungen geklärt. Ein retardierendes Moment ergibt sich durch das letzte Gespräch zwischen Claire Z. und Ill. Der III. Akt endet mit dem Untergang des „Helden", der aber zugleich innerlich geläutert ist (Anerkennung seiner Schuld).

Aufgabe 3 *

> Untersuchen Sie das erste Gespräch zwischen Ill und Claire (S. 37–40) unter dem Aspekt, dass Gesagtes und Gemeintes nicht immer übereinstimmen (Doppeldeutigkeit von Aussagen/Lüge).

Mögliche Lösung in knapper Fassung:

KONTEXTUALI-
SIERUNG/INHALT

Das erste Gespräch ist davon bestimmt, dass Ill versuchen soll (will), Claire Z. zu einer großzügigen Spende für das arme Güllen zu überreden. Dabei steht er vor dem Problem, sein Verhalten in der Vergangenheit (Verrat an Claire, Leugnung der Vaterschaft) umdeuten zu müssen. Claire Z. wiederum will ihre Pläne noch nicht offenbaren (dies tut sie erst später in der Szene vor der gesamten Gemeinde Güllens).

UNTERSUCHUNG
DES GESPRÄCHS

Ills Beiträge sind durchweg durch eine Verdrehung der Wahrheit gekennzeichnet. So behauptet er,

→ er habe Claire zuliebe Mathilde Blumhard geheiratet, um Claires Zukunft nicht im Wege zu stehen (tatsächlich wollte er in den Besitz des Krämerladens kommen).

- sein Hauptinteresse sei es, dass Claire glücklich ist (tatsächlich geht es ihm darum, im Auftrag der Gemeinde, Claires Bereitschaft für eine Spende zu erhöhen).
- die Zeit habe ihn und Claire getrennt (tatsächlich war es sein bewusster Akt des Verrats an Claire).
- er wünsche sich, die Zeit sei aufgehoben (tatsächlich will er sein Verhalten in der Vergangenheit nicht zur Sprache bringen).
- es sei ihm immer um das Glück Claires gegangen, weswegen er auf seines verzichtet habe (tatsächlich ging es ihm um seinen materiellen Vorteil).

Gebündelt sind seine Lügen in der Aussage: „Ich liebe dich doch!" (S. 39)

Claire Zachanassians Aussagen sind demgegenüber durch das offene Aussprechen von Wahrheiten und/oder durch Doppeldeutigkeiten gekennzeichnet.

Als III Claires Hand küsst und sagt, diese sei immer noch so weiß und kühl wie in der Jugendzeit, antwortet sie: „Irrtum. Auch eine Prothese. Elfenbein."(S. 39)

Als III auf seine jetzige Armut verweist, reagiert sie mit dem Satz: „Nun habe *ich* Geld." (S. 38, Hervorhebung im Original)

Als III die Frage stellt, ob denn alles an ihr Prothese sei, gibt sie zurück: „Fast. ... Bin nicht umzubringen." (S. 40)

Als III behauptet, er lebe in einer Hölle, konstatiert sie lapidar: „Und ich bin die Hölle geworden." (S. 38)

Immer dann, wenn III auf ihre Absichten und Pläne zu sprechen kommt, erweisen sich Claires Aussagen als Doppeldeutigkeiten, die vorausdeutenden Charakter haben, was sich im weiteren Verlauf der Handlung erweisen wird, hier aber von III noch nicht erkannt wird.

So etwa, wenn Ill sagt, nun werde sich alles ändern, und sie mit einem kurzen „Gewiß" antwortet. Ill glaubt hier, er sei auf dem Wege, Claire zu einer Spende zu bewegen. Dass sich in der Tat alles ändern wird, erkennt er nicht (Güllen wird reich – aber um den Preis seiner Ermordung).

Als Ill sagt, seine Kinder hätten keine Sinn für Ideale, antwortet Claire, dieser werde ihnen schon aufgehen (gemeint ist aber, dass auch die Kinder Ills ihn des Geldes wegen verraten werden).

Ills Bemerkung, Claire gehörte die Zukunft, wird von ihr mit dem Satz „Nun ist die Zukunft gekommen" beantwortet (S. 37). Die Zukunft aber besteht darin, dass sie durch die Koppelung der Spende an die Ermordung Ills alle Güllener zu ihren „Geiseln" macht und Ill ermorden lässt. Diese Bedeutung kommt auch ihrem Satz zu, der Ills Frage, ob sie der Stadt helfen werde, beantwortet: „Ich lasse das Städtchen meiner Jugend nicht im Stich."(S. 38)

FAZIT

In der „Anmerkung 1" zu *Der Besuch der alten Dame* schreibt Dürrenmatt über Ill u. a., dass er Claire Zachanassian „... zu Beginn ahnungslos zum Opfer" falle, sich aber zum Helden wandele, weil er seine Schuld erkenne (vgl. S. 143). Das erste Gespräch macht Ills Ahnungslosigkeit deutlich. Denn als ahnungslos erweist sich Ill hier insofern, als er glaubt, mit seinen Schmeicheleien und Lügen Claire für sich und die Stadt einnehmen zu können, indem er seinen Verrat in der Vergangenheit umdeutet. Ahnungslos ist er auch, weil er die Doppeldeutigkeiten in Claires Aussagen nicht erkennt (erkennen kann). Dies ist aber die Voraussetzung dafür, dass er sich, wie Dürrenmatt sagt, überhaupt zum Helden wandeln kann, indem er seine Schuld anerkennt und sein Verhalten in der Vergangenheit nicht mehr umdeutet. Er spricht im letzten Gespräch (III. Akt) deshalb vom gemeinsamen Kind („wir hatten ein Kind?"; S. 115) und bezeichnet sein Leben als „sinnlos" (S. 117).

Aufgabe 4 ***

Untersuchen Sie anhand ausgewählter Beispiele die Zeichenfunktion von Requisiten und ihre Bedeutung für das Drama!

Mögliche Lösung in knapper Fassung:
Im Vordergrund der Untersuchung eines Dramas steht natürlich zunächst einmal der durch den Figurendialog (und das Handeln der Figuren) vorangetriebene Konflikt. Neben dem Haupttext (Dialog) spielen aber auch der Nebentext (z. B. die Regieanweisungen), der Bühnenraum (der Handlungsort, der aber zugleich auch Symbolraum sein kann) und die zum Einsatz kommenden Requisiten eine Rolle. Gemeinsam bauen diese Elemente Verweisungszusammenhänge auf, die zum Verständnis des Dramas beitragen können (und sollen). In Dürrenmatts *Der Besuch der alten Dame* begegnen uns zahlreiche solche Requisiten, die einen mehr oder weniger großen Bedeutungsspielraum entfalten. So begegnen uns die Güllener, die im I. Akt noch als verarmte und verlotterte Bürger auftauchen, bereits mit Beginn des II. Aktes als Konsumenten, die in Ills Laden Waren einkaufen (Dürrenmatts ursprünglicher Untertitel für sein Stück lautete *Komödie der Hochkonjunktur*, siehe Dürrenmatts „Randnotizen", Textausgabe, S. 139). Die Güllener kaufen Zigaretten, Schokolade, Schnaps, leisten sich aber auch neue Kleidung, neue Autos, neue Schreibmaschinen usw. Die Welt der Güllener wird eine Welt der Waren. Neben ihrem Warencharakter haben diese Güter aber auch eine Zeichenfunktion, denn diese Waren werden alle auf Pump gekauft, sie weisen darauf hin, dass die Güllener mit dem Tod Ills (und der damit verknüpften „Spende") rechnen. Neben diesen Elementen, die Ausdruck des

KONTEXT

Konsums und des gleichzeitig einsetzenden moralischen Verfalls sind, kommt einigen Requisiten aber eine besondere Bedeutung zu.

ZUR ZEICHEN-FUNKTION EINIGER REQUISITEN

→ Einige Requisiten stehen im Zusammenhang mit dem sich aufbauenden **Todesmotiv**, so etwa die über die Bühne getragenen **Kränze und Särge**. In diesem Zusammenhang ist auch das Schlachtbeil zu sehen, das der „Erste" im Laden Ills ersteht (vgl. S. 92). Auch die auftauchenden **Gewehre** stehen in diesem Kontext. Vordergründig dienen sie der Jagd auf den schwarzen Panther. Dieser hat aber wiederum Zeichenfunktion, denn seine Tötung nimmt die Tötung Ills vorweg. „Schwarzer Panther" war der Kosename Claires für Ill, vor Ills Laden wird der Panther erschossen.

→ Mehrfach spielen **Glocken und Glockentöne** eine Rolle. Dies schafft einen Verweisungszusammenhang mit dem **Motiv des Verrats** und dem Motiv der **Gefahr** (Pfarrer zu Ill: „Flieh, die Glocke dröhnt in Güllen, die Glocke des Verrats."; S. 76) Die Glocke deutet nicht nur auf den Tod Ills hin (dessen letztes Stündlein bald geschlagen hat), sondern die Glocke läutet auch die neue Zeit ein, die Zeit des Konsums und des moralischen Verfalls zugleich.

→ In diesem Zusammenhang spielen auch die **gelben Schuhe** eine Rolle. Neben der Farbsymbolik (Gelb: Missgunst, Verlogenheit) geht von ihnen aber auch das Zeichen aus, dass nach und nach alle Güllener dem Konsumrausch verfallen und sich gegen Ill stellen. Die Individuen treten somit hinter dem Kollektiv zurück; als Konsequenz daraus begehen die Güllener auch einen „Kollektivmord" – sie bilden einen enger werdenden Kreis um ihn; wer ihn schließlich ermordet, bleibt offen und spielt keine Rolle mehr. Die Schuhe, aber auch alle anderen Dinge, die sich die Güllener anschaffen, sind in ihrer Gesamtheit ein Ausdruck der „Verdinglichung" der Güllener. Sie werden vom Wunsch besessen, Dinge zu besitzen; diese Dinge ergreifen die Macht über sie und kennzeichnen ihren Weg der Entindividualisierung und ihre Entwicklung zum Kollektiv von Konsumenten, die zu Mördern werden.

→ Eine **mehrdimensionale Zeichenfunktion** kommt den **Zigarren** zu, die Claire Z. raucht. Zunächst einmal bricht Claire Zachanassian mit dem Rauchen von Zigarren in eine traditionelle Männerdomäne ein (rauchende Frauen tauchen überhaupt erst mit dem sich verändernden Frauenbild in den 20er Jahren des 20. Jahrhunderts öffentlich auf, als sich, erkennbar auch an Kleidung und Frisurenmode, ein neuer Frauentypus herausbildet). Generell kann der Zigarre hier die Funktion eines Phallussymbols zugesprochen werden, was durch die Männernamen, die die Zigarren der Zachanassian durchweg haben, unterstrichen wird: Henry Clay, Winston (Henry Clay, ein amerikanischer Politiker, kandidierte mehrfach für das Amt des Präsidenten; Winston Churchill war Zigarrenraucher). Claire Zachanassian wechselt ihre Zigarrenmarken wie sie ihre Ehemänner wechselt, die sich alle, gleich dem Rauch der Zigarren, in Luft auflösen. Mit Ill raucht Claire Z. (im letzten Gespräch) Zigaretten der Marke „Romeo et Juliette", was wiederum auf das Shakespear'sche Liebespaar parodistisch verweist.

→ Auf die Veränderungen in Güllen verweisen die **Plakate** am Bahnhof. Sind sie zunächst (I. Akt) zerrissen und verschlissen, wird auf ihnen später Werbung für Reisen gemacht. Sie deuten also auf den wachsenden Wohlstand hin (wie auch die wieder haltenden Züge), der mit der moralischen Verkommenheit einhergeht und durch den Mord erkauft wird.

FAZIT

Die Requisiten in Dürrenmatts Drama sind nicht lediglich nur Ausstattungsgegenstände. Auf der insgesamt entillusionierenden Bühne (Güllener spielen den Wald und die Vögel, Ortswechsel werden durch das Herablassen von Kulissenelementen während der laufenden Handlung kenntlich gemacht) kommt ihnen eine besondere Bedeutung zu: sie dokumentieren den schleichenden moralischen Verfall der Güllener, stehen im Kontext bestimmter Motive, die auch im Dialog angesprochen werden, sind ein Zeichen der Entfremdung der Güllener, die sich über Waren definieren.

LITERATUR

Zitierte Ausgabe:

Dürrenmatt, Friedrich: *Der Besuch der alten Dame.* Eine tragische Komödie (Neufassung 1980). Werkausgabe in siebenunddreißig Bänden. Band 5. Zürich: Diogenes, 1998 (detebe 23045).

Dürrenmatt, Friedrich: *Theaterprobleme.* In: Ulrich Staehle (Hrsg.): Theorie des Dramas. Stuttgart: Reclam, 1978.

Sekundärliteratur

Badertscher, Hans: *Dramaturgie als Funktion der Ontologie.* Eine Untersuchung zu Wesen und Entwicklung der Dramaturgie Friedrich Dürrenmatts. Bern und Stuttgart: Haupt, 1979 (Sprache und Dichtung 27).

Berger, Thomas: *Friedrich Dürrenmatt, Der Besuch der alten Dame.* Hollfeld: Beyer, 2. Aufl. 1992 (Analysen und Reflexionen 67).

Brock-Sulzer, Elisabeth: *Friedrich Dürrenmatt.* Stationen seines Werkes. Zürich: Diogenes, 1986.
(Der Band der Dürrenmatt-Expertin gibt einen Überblick über das Schaffen Dürrenmatts und führt in die einzelnen Werke ein.)

Brock-Sulzer, Elisabeth: *Dürrenmatt in unserer Zeit.* Eine Werkinterpretation nach Selbstzeugnissen. Basel: Friedrich Reinhardt Verlag, 1971.

Durzak, Manfred: *Dürrenmatt – Frisch – Weiss.* Deutsches Drama der Gegenwart zwischen Kritik und Utopie. Stuttgart: Reclam, 2. Aufl. 1973.
(Durzak stellt die Dramen Dürrenmatts nach Inhalt, Aufbau, Thema und Figurenkonstellation vor und spart dabei auch nicht mit kritischen Anmerkungen.)

Frizen, Werner: *Friedrich Dürrenmatt, Der Besuch der alten Dame.* München: Oldenbourg, 2. Aufl. 1988 (Oldenbourg Interpretationen 7).
(Frizen führt gründlich in Biografie und Dramaturgie Dürrenmatts ein, untersucht die Figuren und die Figurenkonfigurationen, geht ausführlich auf Themen, Motive und Gestaltungsmittel ein. Der Band enthält Anregungen für Aufgaben, Klausuren und Unterrichtsreihen.)

Geissler, Rolf (Hrsg.): *Brecht – Dürrenmatt – Frisch:* Zur Interpretation des modernen Dramas. Frankfurt am Main: Diesterweg Verlag, 9. Aufl. 1978.

Große, Wilhelm: *Friedrich Dürrenmatt.* Literaturwissen für Schule und Studium. Stuttgart: Reclam, 1998 (RUB 15215).
(Der Verfasser widmet den Theaterstücken, Hörspielen und Prosatexten Dürrenmatts jeweils kompakte Aufsätze.)

Kästler, Reinhard: *Erläuterungen zu Friedrich Dürrenmatt, Der Besuch der alten Dame.* Hollfeld: C. Bange, 5. Aufl. 1997 (Königs Erläuterungen und Materialien 366).

Knapp, Gerhard P.: *Friedrich Dürrenmatt.* Realien zur Literatur. Stuttgart: Metzler, 2. Aufl. 1993 (Sammlung Metzler 196).
(Hier findet sich eine kompakte Einführung in das Gesamtwerk von Dürrenmatt.)

Knopf, Jan: *Friedrich Dürrenmatt.* München: Beck, 4. Aufl. 1988 (Beck'sche Reihe Autorenbücher 611).
(Auch Knopf bietet eine kompakte Einführung in das Gesamtwerk von Dürrenmatt.)

Krättli, Anton: *Friedrich Dürrenmatt.* In: Kritisches Lexikon zur deutschsprachigen Gegenwartsliteratur (KLG). Band 2. Hrsg. von Heinz Ludwig Arnold. München: edition text und kritik, 37. Nachlieferung (NLG).

Mayer, Hans: *Brecht und Dürrenmatt oder Die Zurücknahme.* In: Manfred Brauneck (Hrsg.): Interpretationen: Das deutsche Drama vom Expressionismus bis zur Gegenwart. Bamberg: C.C. Buchner, 3. Aufl. 1977, S. 212–223.

Mayer, Sigrid: *Friedrich Dürrenmatt, Der Besuch der alten Dame.* Grundlagen und Gedanken/Drama. Frankfurt am Main: Diesterweg Verlag, 7. Aufl. 1998.

Mennemeier, Franz Norbert: *Modernes deutsches Drama.* Kritiken und Charakteristiken. Band 2: 1933 bis zur Gegenwart. München: Fink, 1975 (Uni-Taschenbücher 425).

Möller, Dr. Hans-Martin: *Friedrich Dürrenmatt, Der Besuch der alten Dame.* München: Mentor, 1997 (Mentor Lektüre Durchblick 324).
(Der sehr schmale Band (67 Seiten) verschafft einen Überblick über das Drama und bietet Aufgaben mit Lösungstipps. Dem Profil der Reihe entsprechend, werden einzelne Aspekte nur kurz angerissen.)

Neis, Edgar: *Erläuterungen zu Friedrich Dürrenmatt, Der Besuch der alten Dame – Die Physiker.* Hollfeld: C. Bange, 18. Aufl. 1996 (Königs Erläuterungen und Materialien 295).

Profitlich, Ulrich: *Friedrich Dürrenmatt. Komödienbegriff und Komödienstruktur – eine Einführung.* Stuttgart: Kohlhammer, 1973.

Verfilmungen
Der Besuch der alten Dame.
 BRD (Verfilmung für das Fernsehen) 1959.
 Regie: Ludwig Cremer.
 Elisabeth Flickenschildt als Claire Zachanassian, Hans Mahnke als Alfred Ill.

LITERATUR

Der Besuch.
    USA/BRD/Frankreich/Italien 1963.
    Regie: Bernhard Wicki.
    Ingrid Bergman als Claire Zachanassian, Anthony Quinn als Alfred Ill.

Der Besuch der alten Dame.
    Schweiz/BRD (Verfilmung für das Fernsehen) 1982.
    Regie: Max Peter Ammann.
    Maria Schell als Claire Zachanassian, Günter Lamprecht als Alfred Ill.

Der Besuch der alten Dame.
    BRD (Verfilmung für das Fernsehen) 2008.
    Regie: Nikolaus Leytner.
    Christiane Hörbiger als Claire Zachanassian, Michael Mendl als Alfred Ill.

STICHWORTVERZEICHNIS

Antike, Bezüge zur Antike
→ **Antigone** 56 ff., 93, 96
→ **Ödipus** 89 ff., 96, 108
Aufbau, Komposition 8, 37 ff.
Brecht, Bertolt 40, 53, 100 ff.
Bürgermeister 34 ff., 53 f., 65, 75
Der Richter und sein Henker 18 f., 25, 106
Die Physiker 19 ff., 100, 104, 106
Drama, analytisches Drama 37 ff., 88 ff., 91 f.
Erinnyen 73
Exposition 41 f.
Groteske, grotesk 45, 52, 85
Hiob 68
Katastrophe 41 f., 92, 96
Komödie, tragische Komödie 88 ff.
Lehrer 35 f., 53 f., 56, 65, 75 f.
Modell 8, 38, 58
Moment, steigerndes Moment 8, 23, 41 f., 115 f.
Mord 18 ff., 36 ,47, 64, 79
Motiv, Motive:
→ **Konsum,** Konsummotiv 8, 16, 33, 46 f., 75, 96

→ **Liebe,** Liebesmotiv 47 f., 52, 73, 92, 97 ff.
→ **Tod,** Todesmotiv 8, 30, 40, 46, 58, 83, 94 f.
Peripetie 41
Pfarrer 33 f., 42, 49, 65, 75 f.
Presse, Pressevertreter 15, 35, 42, 52 f., 62 f., 78 f.
Rache 24, 51 f., 70, 72 f., 91
Religion 42, 55
Requisiten 8, 50 ff., 119 ff.
Romulus der Große 17 f., 25, 99, 104
Schuld 20 f., 25, 41, 52, 59, 68 f., 89 f., 94 ff., 104
Sophokles 56 ff., 90 ff., 96, 110
Sprache, Sprachspiel 9, 82 ff., 99
Verantwortung 18 ff., 90, 94, 104, 113
Werte, Wertverlust 36, 38, 42, 53 ff., 58 f., 75, 82, 94 ff.
Wirtschaft, Wirtschaftswunder 14 f., 27 f., 39, 96
Zufall 23 ff.

EIGENE NOTIZEN